nietzsche et le nouvel an

Il a été tiré à part quelques exemplaires hors commerce
réservés à l'auteur, réimposés au format 240 x 320mm
et imprimés sur papier Rives vergé blanc naturel filigrané 120g.
Une empreinte sèche de Michel Denis orne la couverture.

Remerciements à Michel Denis

collection « encre marine »
ISBN : 978-2-35088-124-9

stéphane floccari

nietzsche et le nouvel an

encre marine

Sommaire

Pour Carla, Pablo, Romane et Ulysse,
mon « Τετραφάρμακος »

À la mémoire de Santina et Rocco

Aujourd'hui, chacun ose exprimer son vœu et sa pensée la plus chère, soit ! je veux donc dire moi aussi ce qu'aujourd'hui je me souhaitais à moi-même et quelle pensée a été la première à traverser mon cœur cette année...[1]

1. Cf. Nietzsche, *Le Gai Savoir*, Livre quatrième, § 276, traduction modifiée de Pierre Klossowski, revue, corrigée et augmentée par Marc B. de Launay, in *Œuvres philosophiques complètes (OPC)*, volume V, Gallimard, p. 189.

« ON CHANGE DE JOUR tous les jours »[1], rappelle avec profondeur le philosophe Nicolas Grimaldi. Mais, une fois par an, un jour advient comme autre chose qu'un jour de plus. Ce jour singulier où l'année vire, comme le temps change ou la chance tourne, celui où le calendrier scande un avant et un après, nous l'appelons, sans trop savoir ce que nous en attendons, le *Jour de l'an*. Nous le fêtons comme la césure décisive qui ouvre un temps à soi, qui est aussi commun à tous. La veille de ce jour-là, demain, c'est l'an prochain. Le temps d'un jour, l'an qui vient cesse d'être lointain. L'existence se réinvente et se projette hors d'elle-même à l'horizon de ce jour singulier autrement que tous les autres jours de l'année. La vie sociale se suspend à l'axe de cette promesse de renouveau. Chacun y accroche pêle-mêle son pesant d'espérances, de craintes tues et ses aspirations les plus intimes.

Mais comme ces coquillages vides qu'on croit un instant habités par le son de la mer, chaque passage à la nouvelle année s'accompagne d'un bruit de fond auquel les hommes redeviennent vite, étrangement vite, sourds et étrangers. En tendant l'oreille, chacun peut en percevoir, aux heures où janvier chasse décembre, la rumeur inquiète au fond de lui-même. *Qu'ai-je fait*

1. Cf. *L'Homme disloqué*, Paris, PUF, 2001, p. 1.

des années qu'il m'a été donné de vivre, et particulièrement de la précédente ? Serais-je prêt à les revivre toutes de la même façon ? Que puis-je désirer d'autre, de réellement personnel, pour celle qui vient, encore ouverte à tous les possibles et qui n'est pour l'heure associée à rien de précis, ni d'irréversible ? De quel souhait, de quel vœu, si l'on en suspend provisoirement tous les cadres traditionnels d'appréhension, la nouvelle année peut-elle pour moi *devenir l'occasion et la promesse ?*

Personne ne saurait poser et encore moins répondre à ces questions à la place d'un autre individu. Rien n'interdit toutefois d'engager ce jour-là, à sa manière singulière et pour son propre compte, une réflexion différente sur soi. Entre deux banquets ou durant un voyage de fin d'année, la lecture d'une œuvre philosophique peut en offrir l'occasion à quiconque accepte de se tenir à l'écart du troupeau humain et de ses excès abrutissants. À peine audible dans la multitude infinie de tous ceux qui sont formulés chaque année par des milliards d'êtres humains, le vœu d'affirmer son existence, d'acquiescer à ce qu'on est, de ne rien nier des multiples aspects de son être, pourrait se révéler le plus périlleux et, à ce titre, le plus digne d'être pensé. Dire oui à tout ce qui est, sans rien rejeter ni accuser de ce qui advient et de ce qu'on désire ? Et s'il y avait là le point de départ non seulement d'une année, mais d'une vie nouvelle, qu'il s'agirait de commencer *en philosophie,* comme on choisit de débuter une journée ou, tout simplement, de faire quelque chose *en musique* ? La « nouvelle » année pourrait peut-être alors, sait-on jamais, enfin devenir une année *nouvelle.*

Tel est l'objet de ces pages arrachées à l'insatisfaction salutaire et tragique des ans, qui a pour nom chaque drame individuel. Ici, le possible et l'impossible, le désiré et le craint, le passé et l'avenir, le déjà-vécu et l'inédit, la réussite et l'échec, le projet et la surprise, le vœu et la résolution, prennent la forme d'un rendez-vous avec soi-même trop longtemps attendu, différé, rêvé, ignoré, désiré, redouté, pris et manqué à la fois. Et si l'heure était venue de *penser* ce rendez-vous et de déterminer ce dont il peut, pour chacun, devenir le signe ?

Quand l'an se fait jour

Qu'est-ce qui fait chez toi l'histoire de tous les jours ?[1]

1. Cf. Nietzsche, *Le Gai Savoir*, livre quatrième, § 308, traduction de Pierre Klossowski, revue, corrigée et augmentée par Marc B. de Launay, in *OPC*, volume V, Gallimard, p. 210.

On n'a pas toujours, ni partout fêté l'année nouvelle comme nous le faisons depuis quelques siècles[1]. Tout est histoire et culture en nous ; rien ne nous est donné naturellement. Ce que nous appelons année est notre création. Civile ou scolaire, elle est le fruit de notre vécu et de notre manière de diviser le temps. Cette division est la marque de notre besoin de nous approprier l'immensité du temps. De le faire nôtre. De se faire autre. Pour cela, nous nous fixons tantôt sur les saisons que nous impose la nature, tantôt sur des cycles que nous inventons nous-mêmes. Les unes et les autres s'appuient sur le plus concret, comme les contraintes agricoles, ou sur le plus abstrait, telle l'observance religieuse de liturgies qui sont entièrement notre œuvre. En terre chrétienne[2], Pâques, la Toussaint, le Carême, Noël, etc., fixent les sutures du temps commun. Elles n'ont évidemment rien d'éternel ni d'universel.

1. Cf. Sophie Longuine, *Fêtes de Noël et du Nouvel An. Autour du monde. Histoires, coutumes, recettes, rites et traditions*, Horay, Nouvelle édition, Paris, 2007 ; Jacqueline Lalouette, *Jours de fête. Jours fériés et fêtes légales dans la France contemporaine*, Taillandier, Paris, 2010.
2. Se reporter à Jean-Claude Schmidt, *Les Rythmes au Moyen-Âge*, Gallimard, Bibliothèque illustrée des histoires, 2016. Voir aussi, du même auteur, *L'Invention de l'anniversaire*, Arkhê, 2009, et, de façon plus générale, *Les Calendriers. Leurs enjeux dans l'espace et dans le temps*, Cerisy-la-Salle, 2000-2002.

Tous les calendriers sont contingents et arbitraires, comme le mot lui-même, qui n'apparaît dans notre langue qu'au XIVe siècle. Tiré du latin *calo*, qui signifie poser ou placer, il dit l'artifice humain et son mystérieux rapport d'endettement à l'égard du temps. Son but est, positivement, de fixer le rythme des activités humaines et d'ordonner le retour des mêmes gestes rituels, tout en assurant une cohésion sociale. De manière négative, il sert aussi à éviter l'irruption du nouveau, à barrer la voie à l'inédit. Le calendrier est autant ce qu'on consulte que ce qui révèle le sens caché de notre rapport au temps : un rapport de familiarisation et d'appropriation, d'autocréation et d'appréhension. Il parle, nous souffle à l'oreille Nietzsche, de nos besoins et de nos tendances les plus profondes :

> *L'homme est une créature qui invente des formes et des rythmes ; c'est à cela qu'il est le mieux exposé et il semble que rien ne lui plaise autant*[1]...

En amont du comput ecclésiastique des églises chrétiennes, qui tient lieu de mode de calcul des jours liturgiques, le *calendar* correspond au premier jour du mois chez les Romains, et le *calendarium* au registre de dettes qui fixe les jours-repères pour le paiement des échéances. À la fois système chronologique de division composé de jours, de semaines et de mois, et mode d'usage du temps quotidien, le calendrier unifie le temps cosmique de la nature et le temps vécu de la société[2]. Hérité du savoir astronomique des cultures antiques et païennes, à mi-chemin entre l'astrologie babylonienne et la science grecque, il ouvre l'arbitraire du temps historique de l'homme. Ce dernier invente ainsi sa place au monde et règle le cours de sa vie.

---

1. Cf. Fragment posthume 38(10), in *OPC, Fragments posthumes Automne 1884-automne 1885,* volume XI, traductions de Michel Haar et Marc B. de Launay, Gallimard, p. 341.
2. Cf. Paul Ricoeur, *Temps et récit*, tome III, « Le temps raconté », Seuil, 1985, p. 266-268.

Dans l'océan du devenir, le calendrier fournit le moyen de s'orienter et de se repérer, tout en se rattachant de façon homogène aux autres hommes. Ce faisant, il nous installe dans ce temps du « on » dont parle Heidegger[1], celui de la quotidienneté, qui est à la fois calculé et anonyme, mien et inauthentique, effrayant et rassurant, social et individuel. Mais il permet également de fixer par des signes une organisation qui nous est propre et qui nous inscrit dans le réseau formé par nos relations aux autres. Le calendrier définit à chaque fois un « on » qui n'a rien d'indéterminé. Celui des chrétiens, par exemple, n'a pas pour but d'introduire de nouvelles connaissances, mais de rendre possible une réorganisation de divers emprunts à certaines formes archaïques, pour les mettre en accord avec ses propres exigences en matière religieuse et liturgique. Chaque heure, jour, semaine, mois, année, participe d'un même effort de périodisation sans lequel le temps individuel et intime ne peut rencontrer le temps collectif et social, celui qui fait d'une époque un horizon partagé.

Qu'il s'agisse d'un agenda de travail ou d'entreprise, d'un calendrier de cuisine ou téléphonique, c'est apparemment toujours le même souci qui est à l'œuvre : uniformiser, anticiper, ordonner, prévoir, soit utiliser « *les formes comme des moyens commodes de rendre le monde maniable et prévisible* », martèle Nietzsche[2]. On ne doit toutefois pas confondre calendrier et agenda. Là où le premier est, dans sa version ancienne et préchrétienne, immuable, le second se révèle, dans sa forme moderne, mobile.

1. Cf. *Être et temps*, traduction intégrale en deux volumes d'Emmanuel Martineau, Authentica, 1985 ; Françoise Dastur, *Heidegger et la question du temps*, PUF, « Philosophies », 1994 : à coup sûr, la meilleure synthèse sur cette question, à lire en parallèle avec *Dire le temps. Esquisse d'une chrono-logie phénoménologique*, Encre marine, 1994.
2. Cf. Fragment posthume 14(153), in *OPC*, *Fragments posthumes Début 1888-début 1889*, volume XIV, traduction de Jean-Claude Hémery, Gallimard, p. 118.

En jetant un œil au calendrier cosmique établi par Carl Sagan[1], qui distingue quatre ordres chronologiques (ceux de la géologie, de l'astrophysique, de l'évolution et de l'homme), on est invité à relativiser le temps historique humain qui, ramené à une année, verrait la Terre se former autour du 25 septembre, l'homme apparaître seulement vers 22 heures 30 et le Christ couper l'histoire en un avant et un après bien relatifs à 23 heures 56 et quelques secondes – sans parler de tous les événements qui nous sont contemporains, concentrés dans une poignée dérisoire de fragments de secondes !

1. Cf. *Cosmos*, Random House, 1980.

DANS LE CALENDRIER OCCIDENTAL contemporain, qui comprend douze mois du fait des Romains, le premier jour de janvier marque le tournant du temps commun, entre déclin et renouveau. Il ne s'ouvre pas sur l'équinoxe comme en Mésopotamie, ni sur les crues du Nil qui était plus et autre chose qu'un fleuve pour les Égyptiens de la Haute-Antiquité. *Janus*, avec ses deux faces (*bifrons*), désigne le portail, la découverte, l'immersion du dehors et de l'inconnu dans le quotidien, à la fois clôture et ouverture. Depuis Rome et ses registres de dettes, dans lesquels notre rapport au temps semble lui-même figurer en bonne place, janvier est le mois des comptes et des bilans, celui où les sujets et les entreprises jaugent leurs échecs et leurs réussites, règlent leurs dettes, regardent leurs faillites en face et affichent leurs objectifs. Chacun fait alors individuellement l'inventaire improbable de ses ressources et fouille dans les réserves secrètes de ses attentes. C'est le moment où les Occidentaux, ceux qui vivent là où le soleil décline (le mot Occident vient d'un verbe latin, *occidere*, qui signifie tomber et qui donne tuer aussi), ont progressivement imposé à (presque) tous les hommes leur manière d'homogénéiser l'ordre de la nature. Au premier jour de janvier, choisi pour l'entrée en fonction des consuls romains, le

« on » (souhaite) devrait céder la place au « je » (désire), en principe du moins.

L'histoire nous enseigne que Romulus et Charlemagne préféraient le premier jour de mars à celui de janvier, à la différence de César et Numa. Sous son quatrième mandat de consul, vers 46 avant Jésus-Christ, le premier a établi un calendrier qui porte le nom de sa lignée, le calendrier *julien*. Lorsqu'elle commençait encore le premier mars, l'année romaine pouvait comprendre comme septième, huitième, neuvième et dixième mois ceux qui, plutôt que des noms d'empereurs (comme juillet, *julius*, et août, *augustus*, par exemple) se distinguaient par leur position dans une série arithmétique : *sept*embre, *oct*obre, *nov*embre et *déc*embre. Nous en avons conservé la trace dans notre calendrier actuel.

Les chrétiens du Moyen-Âge, plus soucieux d'obéir à Dieu que de suivre l'ordre temporel des puissants et des nations, arriment quant à eux l'an neuf à la Résurrection. Ils se réfèrent au jour, variable selon les années, de Pâques, selon un calcul savant qui associe le nombre d'Or – qui veut que, tous les dix-neuf ans, année lunaire et année solaire commencent le même jour –, la lettre dominicale et les phases printanières de la lune. Le jour de Pâques, la plus grande fête liturgique de l'année, est fixé au premier dimanche après la pleine lune de l'équinoxe de printemps. Mais ce n'est ni le premier janvier, ni le jour de Pâques, qui marquent le début de la liturgie chrétienne ; c'est celui de l'Avent, qui correspond au quatrième dimanche précédant Noël. Le mois de janvier est particulièrement chargé en célébrations pour les chrétiens : circoncision du Christ le premier du mois, Épiphanie et adoration des rois mages le six, conversion de saint Paul le vingt-cinq. Il fait suite à la plus importante des fêtes fixes de l'année, celle de Noël, qui renvoie au solstice d'hiver et aux antiques *Saturnalia*.

Charles IX est le premier monarque moderne à rétablir l'antique repère romain de janvier par l'édit de Roussillon du 9 août 1554. Mai c'est le pape Grégoire qui a vraiment changé la donne, en établissant en 1582 un nouveau calendrier demeuré lui aussi éponyme, le calendrier *grégorien.* Les révolutionnaires français fixent le début de l'An I de leur République travestie de romanité au premier Vendémiaire, qui correspond pour nous au 22 septembre. Ils seront provisoirement imités dans ce geste par les Communards en 1871. Entre 1792 et 1806, le 11 Nivôse, notre premier janvier, est un jour comme les autres. Napoléon rétablit le calendrier grégorien, longtemps concurrencé par le julien – solaires l'un et l'autre, mais non sans de sévères irrégularités pour le second. Ce dernier a été forgé par les Romains, avant d'être abandonné par les chrétiens. Les orthodoxes et certains Berbères l'ont toutefois conservé.

Le XIXe siècle se règle sur ce mouvement d'autorité impériale et généralise la pratique des Étrennes. On se met alors à échanger vœux et gratifications en tous genres, en référence à la déesse romaine d'origine sabine Strena (Strenia ?). Selon la mythologie antique, celle-ci vivait dans un bois où l'on pouvait trouver la verveine, prisée pour ses vertus médicales et aphrodisiaques. Aux calendes de janvier, on échangeait fleurs, fruits, monnaies et médailles d'argent, comme autant d'offrandes faites aux puissants et à ses proches, sous le double signe de l'espérance et de la fidélité. Les Égyptiens de la haute Antiquité s'échangeaient leurs plus beaux flacons bleu et or, les Gaulois le gui sacré des druides, les Chinois de sibyllines sentences qu'il revenait à chacun de déchiffrer pour soi. En 1843, l'Anglais Henry Cole invente la carte de vœux. L'expédition postale devient son mode le plus commun d'envoi et d'échange. Les dons, puis les achats de calendriers se généralisent. Ceux des égoutiers d'abord, puis ceux des pompiers et des éboueurs. On se rappelle ainsi le sacrifice exigé pour s'acquitter de tâches ingrates dont l'exécution est tout au long de l'année utile et même indispensable à tous.

Égrenant le chapelet des capitales du monde, voilà que depuis quelques décennies déjà les télévisions, relayées depuis peu par les réseaux sociaux du village planétaire, diffusent en boucle, chaque trente et un décembre, les images de foules en liesse. Aux quatre coins du globe, lorsque sonnent les premières heures de l'année nouvelle, les individus formulent des vœux et prennent des résolutions en tous genres avec un empressement et un conformisme qui peuvent paraître suspects. Personne n'est censé échapper au renouvellement caporalisé du calendrier, ni à l'injonction adressée à chacun de se réjouir en masse. S'impose provisoirement un langage réduit à la part phonétique des langues d'un monde « ashtaguisé ». La comédie humaine bat alors son plein, quand l'année vire et suspend tous les regards à l'horloge universelle. Les monnaies contemporaines se réforment ou sont mises en circulation encore ce jour-là (le Franc en 1960, l'Euro en 1999 et en 2002).

Mais quelle étrange monnaie frappe-t-on tous ce jour-là ? Quelles valeurs et quelles aspirations sont inscrites, à la hâte ou après mûre réflexion, dans le marbre frais de l'an nouveau ? Sont-elles vraiment nouvelles, originales et durables ? En un mot, sont-elles seulement et vraiment les *nôtres* ? Le sont-elles au point d'avoir sur nos existences un pouvoir de modification volontaire ?

Quelques jours après celui de Noël, sorte de potlatch moderne que le christianisme a durablement inscrit dans le cadre familial, le réveillon du Nouvel An se veut plus amical, social et public. Il s'accompagne d'un cortège de pratiques visibles et audibles. On est sommé de chasser l'an passé et d'accueillir l'an nouveau, en évitant à tout prix que les fantômes de l'année écoulée viennent hanter et compromettre l'arrivée des bienfaits tant attendus.

Selon les latitudes, les époques et les cultures, on fait du bruit, on hurle, on veille et on chante, on allume pétards, bougies et feux d'artifices, on porte des vêtements ou des chaussures de couleur vive, on parade en costumes, on fait ses valises et on les emporte en pleine rue, on entre chez soi du pied droit, on ouvre portes et fenêtres, parfois pour y jeter de vieux objets dont on croit bon de se débarrasser, on se tient sur le seuil de sa maison ou on frappe à la porte de celle des autres, on fait la tournée des parents et des amis, on embrasse une jeune fille, on étreint un enfant, on mange du miel, des lentilles ou des nouilles, on sonne douze ou cent huit coups à minuit, on jette autant de grains, on dépose sur l'eau de menues coques de noix chargées comme des navires de petits papiers griffonnés, on mixe des poils de chat dans de l'eau bénite, on fait fondre du plomb dans de l'eau froide pour mieux y lire les lendemains, on paie ses dettes, on se lave le visage avec la première eau tirée du puits, on nettoie sa demeure, on se baigne dans l'eau renouvelée d'un fleuve ou d'une mer, on concède volontiers aux enfants les quelques friandises qu'ils convoitent d'ordinaire, on remplace la lumière électrique par celle d'une chandelle, etc.

Chaque société définit ses pratiques et ses rites de renouvellement, son propre folklore du Nouvel An. On retrouve partout la même obstination à chasser les mauvais esprits, à s'attirer les faveurs du destin et à faire du lendemain un jour meilleur que celui qui l'a précédé. Cet improbable bariolage de comportements donne à chacun les moyens de trouver auprès de ses semblables une forme de réconfort et de solidarité, une source d'espérance et de courage. Mais une telle solidarité, aussi soudainement affichée que rapidement évaporée, a aussi son prix. Le jeu social, avec ses normes, ses rites et ses vanités, entrave la considération rationnelle de ce que chacun éprouve réellement en lui-même. Le déchaînement de l'*homo economicus*, sa propension démonstrative à festoyer sans mesure et à s'étourdir bruyamment en troupe, privent l'individu des moyens intellectuels de comprendre ce qui se joue réellement en lui et pour lui, tant il est accaparé par ce qui se produit autour de lui.

Fait social, culturel et historique, le passage à la nouvelle année est pourtant aussi un fait psychique. À l'échelle individuelle, il parle de nos peurs, de nos attentes, de nos fantasmes, de nos désirs, des normes et des interdits dont nous sommes faits à notre insu. Il s'accompagne d'un ensemble de pratiques grégaires qui viennent recouvrir cette activité intérieure et qu'on peut qualifier d'explicitement *superstitieuses*.

L'année, l'ancienne et la nouvelle, n'est-ce pas étymologiquement l'anneau, le cercle, le cycle qui se clôt et s'ouvre en même temps ? C'est la révolution solaire, fait de nature qui travaille les hommes depuis la nuit des temps et qui taraude encore nos modernes esprits pressés. C'est aussi la boucle menaçante et apaisante à la fois, qui exprime notre plus vieil *habitus* humain, trop humain : la peur. Non pas celle, circonstancielle, déterminée par la présence d'un péril objectif et imminent, mais la terreur essentielle qui est le lot de tous les hommes, leur disposition la plus fondamentale, leur « *héréditaire et foncier sentiment* »[1]. L'effroi face au lendemain, voilà notre plus ancienne façon de ne pas être du monde.

Fêter l'année nouvelle, c'est affronter cela autrement que tout le reste du temps de la vie quotidienne dominé par une peur permanente et non dite qu'il s'agit – momentanément, collectivement et intimement, le temps d'un jour entier ou la nuit qui le précède – de regarder en face et, dans la mesure du possible, de dominer par tous les moyens, même les plus saugrenus. L'expression ἐφ-ήμερον dans l'antique langue des Grecs, celle d'Héraclite (« *Un seul jour est l'égal de tous les jours* ») et d'Hésiode (*Les Travaux et les Jours*) qui donne le mot éphémère en français, dit ce plein déploiement du jour – plutôt que ce qui ne dure pas ou trop peu, selon un contresens moderne très répandu.

De là vient tout ce *folklore superstitieux* de l'événement, qui est au moins autant un fait collectif que personnel, mais qui n'est presque jamais interrogé à ce double niveau par les individus parvenus à maturité et censés être devenus « adultes ». Un jour par an au moins, rien n'est moins sûr.

1. Cf. Nietzsche, *Ainsi parlait Zarathoustra*, IVe partie, « De la science », traduction de Maurice de Gandillac, in *OPC*, volume VI, Gallimard, p. 324.

FREUD PARLE, on le sait, d'un autre folklore, celui par lequel on passe sous silence, dans la langue même, la sexualité primitive des enfants : c'est le fameux folklore *obscène*[1]. De manière plus générale, Freud associe le comportement superstitieux à des fondements internes à l'individu. Ils sont en lui la manifestation des restes inconscients de la vie infantile. Ce sont les désirs et les craintes de l'enfant en nous jamais tout à fait abolis. Ils s'expriment dans les cérémonials censés préparer des lendemains moins hostiles. Car le superstitieux est dominé par l'appréhension de ce qui peut advenir, revenir, survenir et bouleverser l'ordre présent du réel. Il est animé par la croyance irrationnelle à l'influence et au pouvoir des choses extérieures, à la valeur heureuse ou funeste de signes venus du dehors.

Que désire avant tout le superstitieux de façon inconsciente ? Il cherche à se protéger contre un danger qu'il ressent sans pouvoir, ni savoir l'identifier. Il cherche peut-être ainsi à se défendre contre le mécanisme d'une jalousie inconsciente qui vise l'objet

1. Cf. Freud, *Trois essais sur la théorie de la sexualité*, traduction de Blanche Reverchon-Jouve, Paris, Gallimard, « Idées », n° 3, 1962 ; « Analyse d'une phobie chez un petit garçon de cinq ans », in *Cinq leçons sur la psychanalyse*, traductions d'Y. Le Lay et S. Jankélévitch, Payot, 25e édition, 1989. Voir aussi de C. Gaignebet, *Le Folklore obscène des enfants*, Maisonneuve et Larose, 1974.

du désir de l'autre ou le souhait de sa destruction. Il est effrayé, comme hanté à son insu, par ses propres mauvaises pensées et par la seule idée qu'elles puissent se réaliser. C'est cela que, en Méditerranée, on appelle communément le « mauvais œil » – ce regard dont l'origine se trouve dans une causalité irrationnelle de type magique. C'est celui, obsédant et fascinant, qui pousse à craindre le châtiment que l'on pense inconsciemment mériter pour avoir éprouvé des pensées répréhensibles et mauvaises. Les soirs de réveillon, cet œil-là est particulièrement vif quand, sous le vernis festif des derniers jours de l'année, la vulnérabilité est souvent portée à son comble.

La crainte des hommes, celle qui les travaille silencieusement tous les jours du calendrier, est si puissante qu'elle produit un système de défenses, dont les actes compulsionnels et les cérémonials les plus farfelus constituent, sous l'effet d'une névrose obsessionnelle, une sorte de religion secrète et privée. Chacun en est à la fois, et *malgré lui*, le prêtre et le croyant, le sujet et l'objet de culte, l'auteur et la victime. L'existence du superstitieux est à cet égard épuisante. Elle est pleine de fuites et d'évitements. Il la passe à guetter des signes qui, hélas, semblent se présenter à lui. Un chiffre défavorable, une échelle sous laquelle il ne peut pas passer, des lignes tracées au sol qu'il faut franchir sans les toucher, une croix dans le ciel, un ascenseur déjà là quand il arrive devant la porte béante, des poches ne contenant pas les objets fétiches censés garantir contre un échec ou un faux pas ? La panique, cette peur qui atteint tout (πᾶν) en lui, le gagne aussitôt, sans qu'il ne puisse rien faire contre elle. Tous ces signes recherchés et interprétés par avance sont autant de moyens d'évacuer l'angoisse, de se prémunir contre l'indétermination terrifiante du réel. Mieux vaut s'en remettre, croit-on alors, à des signes extérieurs à soi pour se décharger de toute responsabilité et pour se prémunir contre les périls les plus grands, qui sont à l'intérieur de chacun.

COMME LE PETIT ENFANT, le superstitieux compte sur une force extérieure pour le protéger contre ce qui le dépasse. Selon la célèbre formule de Freud[1], qui affirme penser à titre personnel exactement le contraire, le superstitieux croit au hasard intérieur et non pas extérieur. Il imagine et guette des signes cachés hors de lui. Il projette à l'extérieur une volonté, inconsciente, qui est à l'œuvre en lui. Il ne cesse de passer sous silence ce qu'il ressent, selon un mouvement et une logique qui lui échappent indéfiniment et le consument avec une obstination aux assauts de laquelle il passe, sans le savoir, sa vie à céder. Les années défilent, le temps passe, mais rien n'y fait : l'inconscient dicte le calendrier sans y être soumis, puisque les processus qui le composent

> *sont « hors le temps », c'est-à-dire qu'ils ne sont pas ordonnés dans le temps, qu'ils ne changent pas avec lui, bref qu'ils n'ont avec lui aucun rapport*[2].

Mais comment cette religion secrète et privée, à laquelle tant de gestes et de pensées sont quotidiennement voués, en vient-elle, une fois l'an, à prendre la forme manifeste et publique de la fête

1. Cf. *Psychopathologie de la vie quotidienne*, traduit de l'allemand par Denis Messier, Gallimard, collection « Connaissance de l'inconscient », Paris, 1997.
2. Cf. *Métapsychologie*, traductions de J. Laplanche et J.-B. Pontalis, Gallimard, collection « Idées », Paris, 1972, p. 130-131.

du Jour de l'an, avec son cortège folklorique de cérémonials et de rituels en tous genres ?

Nietzsche[1] propose, avec les armes de la philosophie, une généalogie, qui est aussi une symptomatologie, des pratiques superstitieuses. Selon lui, l'animisme donne sa forme aux religions les plus anciennes et à la pensée magique qui les sous-tend. Lié à un sentiment immémorial de peur, il est au moins autant un aveu d'impuissance que la recherche d'un accroissement de notre sentiment de puissance (*Gefühl der Macht*) sur les choses, sur les autres et sur nous-mêmes. Cet animisme archaïque parle de notre besoin de nous assurer de notre pouvoir de contrainte sur les choses et sur les êtres, notamment sur les animaux. Pour y parvenir, tous les moyens sont bons : violence, contrainte, flagornerie, alliances, sacrifices, etc. C'est dans ce genre de besoins et d'attitudes que Nietzsche situe l'origine de toutes les pratiques superstitieuses. Elles s'enracinent dans une ambivalence fondamentale : la stimulation du sentiment d'impuissance (*Gefühl der Ohnmacht*) et de crainte se double du développement d'un sentiment corrélatif de puissance, dont il souligne le « *raffinement* », qui donne son titre à l'aphorisme. C'est toute l'histoire de la culture qui, selon lui, renvoie à la recherche des moyens de développer un tel sentiment.

Freud et Nietzsche, si proches et pourtant étrangers l'un à l'autre[2], insistent, entre généalogie et psychopathologie, sur l'identification inquiète de la superstition comme mode universel de défense qu'adoptent les êtres humains en quête de puissance et de sécurité. N'est-ce pas en effet d'abord cela que chacun espère et (se) souhaite pour la nouvelle année ? De pouvoir affronter les temps à venir en disposant enfin de tout ce qu'il (ou elle) peut souhaiter pour se préserver des dangers et pour accomplir ses

1. Cf. *Aurore*, § 23, « *Notre suprême raffinement* », traduction d'Éric Blondel, Garnier-Flammarion poche, 2012, p. 50-51.
2. Cf. Paul-Laurent Assoun, *Freud et Nietzsche*, Paris, PUF, 1982, 2e édition.

désirs les plus intimes ? N'est-ce pas la crainte, l'effroi, la terrible frayeur devant ce qui n'a pas encore de nom, ni de visage, qui président, à l'insu de tous, à l'échange des vœux et à la détermination des résolutions que chacun se croit tenu de prendre ce jour-là ?

Le jour de l'an, c'est d'abord celui des vœux, qui se déversent en cascades et s'échangent tous azimuts. La sagesse des nations leur impose un ordre quasi protocolaire. La santé vient en tête, puis suivent de très près et dans un ordre variable la réussite, le bonheur, le succès, la prospérité, la fécondité, les honneurs, etc. On souhaite aux autres ce qu'ils nous souhaitent ou ce qu'on souhaite soi-même qu'ils nous souhaitent, dans un langage impersonnel qui en dit long sur nos rapports de dépendance à l'égard d'autrui. Prodigués ainsi, les vœux ne sont que l'écume grégaire de nos aspirations réelles, de nos espérances tenues secrètes, et pas seulement à l'endroit des autres. Rares sont ceux qui s'autorisent ce jour-là à affirmer un choix véritablement singulier, créateur et original. Superstition oblige. Le scepticisme et le pessimisme sont souvent de rigueur, comme le résume assez bien Lichtenberg dans ce bon mot passé à la postérité :

> *Janvier est le mois où l'on offre ses meilleurs vœux à ses amis. Les autres mois sont ceux où ils ne se réaliseront pas.*

Dont acte.

Arrêtons-nous un instant sur l'usage que nous faisons des mots. Dans la langue ordinaire, trop de termes sont synonymes ou du moins utilisés comme s'ils l'étaient. Le désir et la volonté, l'envie et le besoin, le choix et le souhait, voilà autant de termes que nous ne prenons pas la peine de définir au moment de les employer. Quand point l'année nouvelle, les souhaits et les vœux que nous formulons sont-ils à proprement parler des *choix* ? Ne commet-on pas une confusion fâcheuse, en parlant indistinctement de nos souhaits, de nos vœux et de nos choix ?

Cette question est posée par Aristote dans l'*Éthique à Nicomaque*[1], lorsqu'il s'interroge sur la dimension volontaire ou involontaire de nos actes. Nous pensons communément que ce que nous choisissons est le résultat ou l'objet de notre désir ou de notre souhait (βούλησις). Nous souhaitons réussir un examen, avoir un peu de distraction, rencontrer quelqu'un ou encore être en bonne santé et heureux. Il ne suffit pas toutefois, nous le savons trop bien, de désirer une chose pour qu'elle se produise, ni même pour qu'elle soit réalisable ou accessible. On peut tout à fait, et c'est plutôt commun, exprimer un souhait qui porte sur quelque chose d'impossible. Ainsi, tant d'hommes désirent-ils vainement être immortels, comme le fait remarquer Épicure[2]. Ils oublient que la mort n'est « *rien pour nous* », si elle n'est que la privation de toute sensation. L'immortalité recherchée comme un bien tourne nécessairement à la torture, puisqu'elle n'est pas à notre portée. Le choix et le souhait sont bien voisins, mais ils n'en sont pas moins distincts. Leurs champs sont séparés par une infime clôture contre laquelle on doit se garder de trop se frotter.

Aristote nous rappelle ce que nous feignons souvent d'oublier, à savoir qu'« *il n'y a pas de choix des choses impossibles* ». C'est vrai de l'immortalité et de tout ce que nous ne saurions mener à bien par notre seule volonté. Il prend l'exemple de l'athlète : nous pouvons certes souhaiter sa victoire au stade, mais nous

---

1. Cf. Livre III consacré à « L'activité volontaire », chapitre 4, 1111b 17-30, édition Pellegrin, Garnier-Flammarion, p. 2024.
2. Cf. *Lettre à Ménécée*, traduction de Marcel Conche, PUF, collection Épiméthée, p. 219.

devrions savoir que celle-ci ne dépend pas de nous. Le choix ne peut donc porter que sur ce qui peut être produit ou atteint par nos seuls moyens, alors que le souhait semble nous en affranchir. Après tout, on peut souhaiter n'importe quoi : être un centaure herbivore ou sauter à pieds joints de son lit sur la face cachée de la Lune ! Mais on ne peut pas choisir d'y parvenir. Pourquoi, au juste ? Parce que l'objet du souhait et celui du choix ne sont pas de même nature ; ils sont même opposés, indique Aristote.

Alors que « *le souhait porte plutôt sur la fin* (τέλος) », soit sur ce que nous visons ou cherchons à atteindre, le choix, lui, dépend des moyens dont nous disposons pour parvenir à notre fin. Le souhait d'être en bonne santé est une fin de ce genre ; mais les moyens mis en œuvre pour y parvenir dépendent bien eux de notre choix, comme par exemple le régime alimentaire ou l'activité sportive que nous choisissons d'adopter. Cela ne nous garantit certes pas de rester indéfiniment en bonne santé, mais cela nous offre de bonnes raisons d'espérer vivre un certain temps. Mais, outre la santé, que souhaitons-nous de plus que le bonheur ? Or, on peut bien souhaiter être heureux, si on ne peut pas choisir de l'être, indique Aristote, car le bonheur dépend de notre activité, mais seulement pour partie. On ne saurait décréter son bonheur comme on choisit d'éviter tel comportement alimentaire nocif pour notre santé. C'est bien le problème qui se pose chaque jour de notre existence, et plus encore quand l'année nouvelle vient à nous.

Force est de reconnaître que, pour le plus grand nombre, le Nouvel An prend la tonalité négative et injonctive d'une propension à renoncer à un désir ou à une tendance, à souhaiter ne plus souhaiter certaines choses en somme, à choisir de ne plus désirer comme autant d'objets illusoires et fugaces de plaisir tout ce que nous savons parfaitement être nuisible pour nous. Ce qui, jour après jour, nous distrait, nous satisfait, nous procure du plaisir et semble nous combler, peut se révéler dangereux dès qu'on en envisage, comme on ne manque pas de le faire volontairement ou non, les effets cumulés sur le long terme de l'existence. Sans compter qu'il y a des comportements qui n'attendent pas le nombre des années pour révéler leurs effets dévastateurs sur notre corps ou notre esprit. On choisit alors de ne plus s'adonner à des pratiques qui ne peuvent raisonnablement pas ou plus être tenues pour bonnes, ni conformes aux fins que nous nous fixons. Il est alors temps de se résoudre à vivre autrement.

Le tournant de l'année nouvelle ouvre immanquablement la période des grandes résolutions. À l'instar des marées, celles-ci, ruminées parfois des mois durant, menacent de façon chronique la terre ferme de nos existences bordées par nos habitudes et notre laisser-aller coutumier. Ce tournant à ne pas manquer offre surtout la chance et le risque (on ne saurait dissocier ces deux faces du possible) de rompre certaines amarres, de se défaire de liens devenus pesants et source de mal-être. Le verbe latin *re-solvere* dénote précisément cet affranchissement des liens qui nous attachent contre notre gré au quotidien. Aussi vite formulées et prises qu'inexorablement abandonnées et dissoutes dans le quotidien retrouvé, surtout quand elles ne sont pas suffisamment préparées en amont (comme c'est souvent le cas, hélas !), les résolutions semblent avoir une dimension plus intime et plus personnelle que les vœux ou les souhaits. Elles ont pourtant presque toutes en commun une seule et même forme moralisatrice, restrictive, impérative et négative.

Quand on les considère en elles-mêmes et dans la forme verbale que nous leur donnons, elles constituent une sorte de *Décalogue intérieur*, teinté d'une morale non plus religieuse et métaphysique, mais davantage médicale et sociale, sorte d'hygiène pour le peuple, qui a conservé les caractères impératif, négatif et injonctif des commandements inscrits sur les anciennes Tables de la Loi hébraïque. À une nuance près. Les « *ne pas* » sont remplacés ici par des « *ne plus* ». Il ne s'agit pas seulement de ne pas tuer, de ne pas commettre d'adultère, de ne pas représenter son Créateur, de ne pas négliger ses parents, etc. ; mais de *ne plus* faire certaines choses, comme fumer, boire, manger trop ou entre les repas, prendre du poids, dépenser sans compter, mentir, tromper l'autre, travailler à la maison, négliger quelque chose ou quelqu'un, espionner ses proches, faire preuve d'impatience, avoir honte de ses goûts vestimentaires ou musicaux, passer ses repas de famille l'œil rivé sur son téléphone portable, etc. – bref de *ne plus* agir sous l'effet d'une passion ou d'un vice conduisant à l'égoïsme ou à l'*hùbris.* Pendant quelques heures ou jours, la morale prend soudainement et autrement que le reste du temps le dessus sur nos travers les plus communs et nous commande de donner à nos scrupules habituels une force inédite et à nos réformes une effectivité immédiate.

PRÉLUDER, C'EST ÉLUDER. Mais l'heure tourne. Le calendrier nous presse. Nous nous sentons soudain sommés de prendre un tournant, de modifier ou au contraire de tenir un cap. Parfois, souvent même, on y a songé tout au long de l'année écoulée, mais sans avoir le courage de s'y rendre ou de s'y tenir avec constance et efficacité. L'arbitraire du temps social, quand le calendrier marque un avant et un après, semble fournir à la volonté individuelle les ressources qui lui font ordinairement défaut, quand les travaux remplissent les jours. Durant la brève et grisante période des fêtes de fin d'année, qui épuisent plus qu'elles ne restaurent nos forces par une accumulation d'excès en tous genres, le mirage d'un nouveau départ, l'illusion d'une transformation radicale et favorable de l'existence, jouent à plein. Tout semble momentanément possible. Mais la déception et l'échec sont souvent au rendez-vous, quand la routine, l'habitude, le poids des jours et des ans nous privent une fois encore de l'occasion de combler patiemment les plis et les creux d'insatisfaction dans lesquels se nichent malgré nous nos vies. L'an prochain, c'est sûr, il le faudra !

Cette expérience se répète pour des milliards d'individus tous les ans. Si l'on accepte d'en prendre acte et de se donner un peu de recul, par exemple en songeant à ce que représente le passage à la nouvelle année loin du moment où il se produit effectivement, on en prend conscience à titre personnel. On peut alors, sait-on jamais, en espérer autre chose que l'amère désillusion née, et chaque année renouvelée, de vœux et de résolutions qui ne sont pas vraiment les siens ou pas réellement tenables par soi.

Mais comment faire de l'arrivée de la nouvelle année le *kairos*, ce moment opportun cher aux Grecs de l'Antiquité, cette occasion qu'il faut saisir sans attendre ni mollir quand elle se présente, qui permet de s'approprier son existence ? À cette difficulté, la philosophie n'apporte pas de recette magique, ni de solution miraculeuse, qui seraient universellement applicables dans le concret de l'existence individuelle. On peut même douter qu'elle consente à y consacrer quelques heures de peine intellectuelle. La pensée spéculative n'est toutefois pas entièrement étrangère à ce genre de considérations. Aller à sa propre rencontre, s'interroger (sur) soi-même et se transformer consciemment, telles sont les trois modalités de l'affirmation de notre être espérées lors du passage à la nouvelle année. À l'instar de la lecture et de l'amour, elles nous conduisent à ces improbables recentrements et décentrements. Elles sont tout particulièrement en jeu quand, sur la chaîne du temps de notre vie, un cran de plus est en passe d'être ajouté sous la forme d'une année supplémentaire, rendant la pente plus drue et la propulsion de notre être plus forte et plus incertaine à la fois. Mais, parce qu'elle nous apparaît plus nécessaire que jamais au moment où l'année vire, l'affirmation de soi ne se donne pas sans condition. Elle impose à l'homme ordinaire comme au plus critique des penseurs une épreuve qu'il leur faut produire eux-mêmes, s'ils veulent espérer la surmonter et, à travers elle, se comprendre eux-mêmes.

Les calendes de Saint-Janvier

La vie ne m'a pas déçu ! D'année en année, au contraire, je l'ai trouvée plus vraie, plus désirable et plus mystérieuse[1].

1. Cf. Nietzsche, *Le Gai Savoir*, livre quatrième, § 324, « *In media vita* », traduction de Pierre Klossowski revue, corrigée et augmentée par Marc B. de Launay, in *OPC*, volume V, Gallimard, p. 216-217.

À l'opposé des vies de saints, que l'hagiographie impose comme les paradigmes d'une existence accomplie au prix de tous les sacrifices et de tous les renoncements, les vies des philosophes n'ont rien à nous apprendre que nous ne sachions déjà. Elles sont faites des mêmes détresses et des mêmes errances, des mêmes joies et des mêmes peines que toutes les autres vies d'homme. Elles ont leur part publique et leur part privée. Elles ont surtout leur versant *intime*[1], celui qui jette un pont entre ce qu'ils vivent, éprouvent, ressentent et ce qu'ils sont à même de conceptualiser, d'élever au rang d'objet théorique universalisable. S'il en ressent le besoin et s'il en paie le prix intellectuel, tout être humain peut s'approprier cette intimité en la reliant à la sienne. Elle est en droit partageable par tous, même si elle semble de fait ineffable. Vue sous cet angle existentiel, toute philosophie, en tant qu'elle élève des expériences intérieures au rang d'idées et de concepts, est un effort expérimental pour répondre à la question : que puis-je faire de moi ? Ou plutôt : qu'est-ce que je peux faire de ce que je vis, de ce qu'il m'est donné d'éprouver ou de ressentir ? Puis-je le transformer en un point d'interrogation

1. Cf. Pierre Riffard, *Les Philosophes : vie intime*, introduction, Paris, PUF, 2004, p. 7-14.

à la fois unique et formulable par tous ? Dans quelle mesure ce que j'ai vécu jusqu'à ce jour ressemble-t-il à ce que je souhaite profondément pour moi-même ?

On admettra que de telles questions n'ont pas leur place dans les squares d'enfants et sans doute pas non plus encore tout à fait clairement dans les tourments des adolescents. Elles apparaissent avec la maturité. Celle que chaque vie atteint (ou pas) au moment où elle le peut (ou non). Elles supposent d'avoir un certain nombre d'heures de vol au compteur de l'existence. Assez pour s'être laissé prendre, chaque fois que l'année vire, au jeu déroutant des illusions et des déceptions. Comme ces hordes de supporters riant ou pleurant au gré des performances de l'équipe à laquelle ils ont confié la responsabilité de leur bonheur et qui vont, le plus souvent, de désillusion en désillusion. Bien plus que les anniversaires et que toutes les autres fêtes, dont Noël, qui ont chacune sa déclinaison propre, les passages à la nouvelle année sont le cadre de formulation le plus approprié de ces questions intimes, trop intimes.

Les fêtes de fin d'année, et à la limite toutes les fêtes, sont dans une certaine mesure l'occasion de porter un regard singulier sur soi-même et sur la vie. C'est le cas des anniversaires, qui sont les jours où l'on tombe sur soi. Où l'on espère que chacun oubliera de nous oublier. Cela peut être celui de sa naissance ou de celle d'un proche. Mais aussi celui d'une rencontre, d'un décès ou d'une séparation, d'un exil ou de retrouvailles. Sans parler de tous les petits calendriers intérieurs que chacun porte en lui et qui ne valent que pour soi-même. Ils nous conduisent à fêter quelque chose qui nous concerne personnellement, parfois nous et nous seulement. Ils sont les scansions de notre vécu dans sa part la plus intime et la plus singulière. Celle qui fait qu'aucune vie n'est en tous points interchangeable avec aucune autre.

Dans ce domaine, il n'y a pas de règle ; il n'y a que des singularités et des exceptions. Chaque homme est la mesure de lui-même. C'est la leçon du relativisme de Protagoras. Elle vaut pour la sensation et l'opinion autant que pour tout ce qui fait d'un individu ce qu'il est : ses désirs, ses souvenirs, ses traumatismes, ses aspirations, etc. Ni vérité, ni modèle à imiter sur ce terrain. On devient celui qu'on peut. On le devient à partir de la façon unique qu'on a d'inventer le sens qu'on donne à ce qui nous arrive. De la manière idiosyncrasique qu'on a de faire de son existence le terrain expérimental de sa pensée. Le philosophe est un laboratoire sur deux pattes[1]. Avec un protocole expérimental absolument unique et en perpétuelle réélaboration !

Je n'ai pas choisi le jour de mon anniversaire, parce que ma naissance est et demeurera toujours ce point de non-coïncidence avec moi-même dont je suis le protagoniste involontaire. Aucun événement ne m'échappera autant que celui-là. Pas même ma mort, à laquelle je peux peut-être en partie consentir. Le même jour de chaque année, on fête sa raison d'être jusqu'au jour où l'on comprend qu'elle porte en germe celle de bientôt ne plus être. Sans parler de l'idée connexe qu'on aurait pu ne jamais être, ni naître[2]. On peut aussi continuer de fêter son anniversaire en sachant tout cela. Ou bien choisir de déplacer le centre de gravité de la fête de soi-même. Le Jour de l'an offre un point d'appui qui peut être annonciateur d'un nouveau départ et d'un nouvel horizon, là où l'anniversaire nous rattache aux racines du passé et mesure notre évolution en termes quantitatifs plutôt que qualitatifs. Le premier a deux faces, dont l'une est tournée vers le passé et l'autre vers l'avenir, alors que le second n'en a qu'une seule, qui fait de nous un être qui a vécu jusqu'à tel jour donné. Calendrier contre compte à rebours, en somme. Deux manières arbitraires et personnelles à la fois d'être relié à la vie (donc aussi à la mort) et aux autres (à une histoire qui est d'abord collective et sociale).

1. Cf. *ibid.*, p. 8.
2. Cf. Jean-Marie-Gustave Le Clézio, *L'Extase matérielle*, Gallimard, Folio essais n° 212, p. 11.

ON A BEAUCOUP ÉCRIT *pour* le Nouvel An, au moment de le vivre et de le partager avec les autres, et pendant très longtemps. Avant les téléphones fixes, comme on les appelle aujourd'hui. Bien avant les appareils portables qui nous accompagnent à présent dans une foule d'opérations et de gestes du quotidien, de notre réveil jusqu'à notre coucher, sans vraiment nous quitter même au cœur de nos nuits. Mais on a peu écrit *sur* la nouvelle année. Sur la manière personnelle dont chacun peut l'aborder. Moins encore sur la façon dont telle figure intellectuelle ou littéraire a elle-même vécu le passage à la nouvelle année. Il y a bien quelques phrases sorties de leur contexte, par exemple d'une correspondance entre amis, comme celle de Gustave Flaubert ou celle de Jules Renard. Elles fournissent un mot d'esprit que chacun reprendra pour amuser la galerie ou pour apparaître plus spéculatif que ses semblables, à l'heure où le bruit des verres qui s'entrecroisent l'emporte largement sur la rumeur des idées. Mais on trouve peu de propos philosophiques qui prennent explicitement pour objet cette question, soit pour en proposer une réelle conceptualisation, soit pour manifester comment tel penseur en a personnellement éprouvé et théorisé la spécificité.

Dans un texte récent[1], une approche philosophique aborde en termes critiques la grande duperie chaque fois efficiente de la nouvelle année. Sur fond de divertissement pascalien, qu'il défend comme une forme de sagesse permettant à la fois de vivre et de se savoir mortel, son auteur y insiste sur le régime d'illusion volontaire, de tromperie consentie, auquel chacun se plie de son plein gré quand le compteur de l'année affiche zéro. Certes. On feindrait alors tous d'y croire, hommes du commun et amis du concept, juste pour éprouver le frisson du renouveau. On feindrait de penser que « *le meilleur reste à venir* », avant de déchanter dès Potron-Minet face à l'étendue du désastre et au caractère rachitique, pour ne dire pas inexistant, des modifications apportées par le passage à l'an nouveau. Rien ne se produit en effet à l'aube du premier jour de l'année, sinon qu'il faut ranger la maison comme tous les autres jours. En pire. De cette « *fête de la foule* », de cet « *anniversaire du mouton* », de cette « *comédie du Big Bang* », il ne resterait, dans cette ligne d'interprétation désenchantée et ironique de l'événement, que les cadavres de bouteilles et les serpillières prêtes à effacer les stigmates d'un non-événement. Seuls quelques rares individus échapperaient à cette révolution du pauvre et à son besoin de feindre de croire au grand matin de l'existence : les nostalgiques, les contre-révolutionnaires, les scientifiques et les pessimistes – ce qui, quand même, fait déjà du monde. Mais dire cela, n'est-ce pas courir le risque de rejeter un peu trop vite aux oubliettes de la pensée un événement dont la répétition, il est vrai un peu désespérante et lassante parfois, n'épuise pas l'espoir de passer, sinon à la vitesse supérieure de l'existence, du moins à autre chose que la simple réitération de la même impasse et de la même impuissante espérance ? L'auteur en question défend le divertissement contre la distraction. On ne peut lui donner tout à fait tort. Mais le problème persiste.

1. Cf. Raphaël Enthoven, *Matière première*, Gallimard, 2013, p. 124-128.

À LA MASSE COMPACTE de ceux qui croient à la promesse de l'aube, à l'an chantant, on pourrait ajouter un nom de philosophe. Un nom de très grand philosophe. Un nom pour le moins inattendu sur la longue liste de ceux que la nouvelle année entête. Celui d'un penseur qui a pourtant prétendu vivre et se tenir à « *6 000 pieds au-dessus de l'homme et du temps* »[1]. En faisant le choix des cimes et des hauteurs, pour vivre là où l'air est peu respirable. Dans une région de la vie où ne survivent que ceux qui savent où mettre les pieds et élever le regard. Le faire porter bien au-delà des limites de l'humain, qui est toujours *trop* humain. Trop exclusivement, trop étroitement, trop grégairement humain. Ce penseur au marteau ausculte les sons creux des statues aux pieds d'argile. Il traque les idoles dans les moindres recoins de nos vécus les plus communs et les plus intimes. Il pourfend la moraline, en criant à tue-tête que le Dieu qui la cautionne est mort sous les coups de l'homme. Et peut-être même plusieurs fois. Mais le plus destructeur des constructeurs a, contre toute attente, cédé aux sirènes des fêtes de fin d'année. Il a même mordu à l'hameçon de Noël comme pas un. Il a ressenti sa

1. Cf. *Ecce homo*, « Pourquoi j'écris de si bons livres », *Ainsi parlait Zarathoustra*, in *OPC*, volume VIII, traduction de J.-C. Hémery, Gallimard, p. 306.

magie bien au-delà des seules limites de l'enfance, qui excuse tout ou presque. Il a lui-même décrit ses propres états émotionnels, comme si la raison ne franchissait pas la porte de la Nativité et sans que le temps ne change rien à l'affaire. Cette porte derrière laquelle les guirlandes et les lampions qui garnissent le sapin du salon éclairent l'espace familial d'un être-ensemble que rien ne vient perturber, ni détourner de la seule tâche qui lui incombe : entretenir la flamme du désir d'être aimé et reconnu des siens. Cette petite flamme indestructible qui se nourrit des présents et des attentions que chacun porte à tous les autres, au moment de recevoir l'onction consumériste du solstice d'hiver.

Mais que dire, alors, de sa manière de vivre la nouvelle année, d'aborder ce jour où l'année vire au neuf, de connaître cet instant, par le mystérieux travelling-avant d'un réveillon, où tout ce qui l'a précédé recule et prend place dans le décor du passé ? Le père de Zarathoustra, l'annonciateur de l'*Aurore*, l'inventeur du « *gai savoir* », celui qui invite à dépasser l'opposition millénaire entre bien et mal, a mis un point d'honneur à vivre sans faux-fuyant chaque retour de janvier. Puis à le penser avec une intensité et une constance qui pourraient faire hurler à la contradiction, au flagrant délire de celui qui, sans jamais croire à rien, succomberait chaque fois à la tentation de la table rase et du grand chamboulement, du *reset* ultime et fatal de l'existence au terminus de la Saint-Sylvestre. Mais qu'en est-il au juste ? Qu'est-ce que le penseur du dionysiaque a donc appris de la nouvelle année pour en tirer non seulement une ligne de vie, mais un trait de pensée ? N'a-t-il pas fallu qu'il en vive et qu'il en éprouve tous les tourments et tous les espoirs avec une intensité inouïe, pour en venir à inscrire dans le marbre d'un aphorisme solaire les contours philosophiques d'une pensée de l'affirmation ?

Il y a sans doute beaucoup à apprendre et à comprendre de l'approche vulgaire de ce que représente la nouvelle année. Mais, peut-être, plus encore de la considération inactuelle du vécu et du conçu, de l'expérience et de la réflexion de celui qui brise comme aucun autre, ni avant, ni après lui, la paroi qui relie plus qu'elle ne sépare l'existence et la pensée. Mettre ses pas dans les siens, entrer dans le champ étroit de son quotidien balisé par le travail inlassable des idées, balayer le spectre intime des sentiments et des réactions qui ont été les siens à l'heure de se débarrasser du calendrier révolu de l'année à laquelle on tourne le dos, voilà peut-être la condition pour interroger avec la distance, tantôt abolie, tantôt conquise, ce fait indissociablement privé et public, intime et commun, solitaire et peuplé, qu'est l'arrivée, attendue ou redoutée, d'une année nouvelle.

Après la considération générale de ce que les sociétés ont arbitrairement construit et imposé aux individus à travers les siècles en matière de calendrier et de fête de la nouvelle année, c'est une triple invitation que ces pages adressent à leur lecteur. D'abord, celle de pénétrer dans l'intimité d'une existence entièrement vouée à la connaissance et à la pensée, d'en suivre le cours singulier et de chercher à en dégager les lignes de force, les continuités et les ruptures en matière de vécu de la nouvelle année. Puis, celle d'interpréter tout ce qui dans cette œuvre et dans cette pensée contribue à en fixer les conditions et les enjeux spécifiques. Enfin, à partir de là, celle de mettre des mots et du sens sur la manière que chacun a, dans le bricolage et l'improvisation qui caractérisent toute vie humaine, de sortir d'une année, avec soulagement ou regret, et d'entrer dans une autre, avec ardeur ou crainte, guidé par l'espérance hybride de résoudre ses problèmes et de réaliser ses désirs. L'exercice peut sembler comporter un risque, celui de rabattre le théorique sur l'anecdotique, de quitter les hauts plateaux célestes de l'intelligible pour venir séjourner béatement sur les terres trompeuses du sensible, de voir l'universel par le petit bout de la lorgnette du singulier.

Mais, une fois qu'on a dynamité toutes les fausses oppositions, n'est-ce pas justement cela qui peut seul réconcilier chacun avec cette part de lui-même qui attend chaque fin d'année sans savoir vraiment quoi ? Qui espère celle à venir tout en la redoutant ? Qui voudrait s'affirmer sans savoir comment suspendre le cycle infernal des négations et des accusations dans lequel chacune d'entre elles l'enferme plus ou moins cruellement ? Il faut avoir l'âme sensible et vivante pour nourrir une pensée capable de conduire, à propos de quelque chose d'aussi trivial en apparence que la nouvelle année, hors des sentiers familiers du troupeau humain. Pour cela, il faut avoir *vécu*. Avoir traversé les ans en passant par toutes les couleurs de l'arc-en-ciel de l'existence. En avoir attendu tout et reçu n'importe quoi. En avoir souffert et désespéré, aussi.

Sur ce point, les philosophes n'ont aucune supériorité sur les autres hommes. Mais ils ont la responsabilité de les maintenir dans l'inquiétude de la raison. Comme le soleil sèche la pluie et les rires chassent les larmes, il y a des réveillons qui sonnent l'heure de revivre, de vivre enfin ou à nouveau, de devenir celui qu'on est ou de laisser derrière soi celui qu'on n'est plus. Il y en a d'autres qui vous jettent dans le cachot solitaire des réprouvés de la vie, des recalés du bonheur, des exclus du banquet de l'existence. Être passé par tous ces états, n'est-ce pas la condition pour penser ce que l'année, *telle* année, celle qui n'attend pas quand tous en claironnent la venue, peut avoir d'unique et de fécond pour soi-même ? Et, au-delà, pour quiconque en accueille les tourments et en appelle les tournants, le moyen d'en recueillir les promesses et d'en affronter l'irréductible nouveauté ?

De tous les philosophes, Nietzsche est peut-être celui dont la vie est le plus souvent invoquée pour expliquer la pensée. Ce n'est pas seulement parce que certains événements déterminants de son existence ont joué un rôle aussi précoce qu'essentiel dans la formation et dans la réception de sa pensée : la mort du père à six ans, la nomination à l'université et la rencontre avec un compositeur allemand mythifié de son vivant à tout juste vingt-quatre, la maladie puis la retraite de l'écrivain apatride à trente-cinq, l'effondrement final avant d'avoir vécu son quarante-cinquième automne, les basses besognes de falsification de la sœur Elisabeth et sa compromission involontaire et posthume avec le délire hitlérien. Une telle vie ne peut manquer de marquer les esprits. D'autant que la philosophie de celui qui l'a menée pose plus explicitement que toute autre la question du rapport entre ce que vit un penseur, ses « expériences », et la genèse de ce qu'il produit en matière intellectuelle, ses « œuvres ». Et si l'Histoire s'en mêle, le mythe ne tarde pas à voir le jour…

Nietzsche semble lui-même avoir voulu brouiller les pistes. D'un côté, il invite à « *laiss[er] là Monsieur Nietzsche* »[1]. Notre

1. Cf. Préface à la seconde édition du *Gai Savoir*, § 2, traduction de Pierre Klossowski revue, corrigée et augmentée par Marc B. de Launay, in *OPC*, volume V, Gallimard, p. 22.

vie est une chose, la vie en est une autre. Elle seule importe à ses yeux de philosophe. De l'autre, il impose pourtant de ne lire que les penseurs dont l'existence « *témoigne* » de ce qu'ils écrivent : Démocrite, Diogène, Montaigne, Schopenhauer, etc. Lui, certes, n'a rien dissimulé des épreuves qu'il a traversées. Mais si l'on « *a nécessairement la philosophie de sa personne* », cela n'implique pas qu'il faille pour autant mettre en avant son petit vécu intime. Et moins encore qu'on en fasse un motif d'apitoiement. La pitié ne se contente pas d'affaiblir ; elle abêtit. À ceux qui portent leurs souffrances en bandoulière, il s'adresse sans détour :

> *Je suis tenté de nier qu'aucun martyr ait jamais rien eu à voir avec la vérité*[1].

C'est pourtant ainsi que Nietzsche a vécu, de façon toujours plus douloureuse, les changements d'année. Il est passé par toutes les couleurs du spectre de la vie, depuis le bleu intense du ciel méridional jusqu'aux affres les plus noires de la maladie, qu'aucune latitude ne lui a permis de dissiper. C'est à chaque fois pour lui une épreuve physique et psychique. Elle fait écho à un trouble intérieur dont les causes sont multiples. On ne peut les comprendre, ni en cerner les effets sur sa conception philosophique d'un fait social élevé au rang d'objet d'analyse à la fois intime et universel, qu'en se situant au ras de ses propres tourments, qui n'ont pas manqué. Et qui n'ont fait que s'accentuer jusqu'à son implosion mentale, survenue peu de temps après que, pour la énième fois, dans une euphorie tournant au naufrage, l'an vire ou plutôt pour lui chavire !

1. Cf. l'aphorisme 53 de *L'Antéchrist*, in *OPC*, volume VIII, traduction de Jean-Claude Hémery, Gallimard, p. 218.

IL EST VAIN de prétendre dissocier chez Nietzsche (et, à l'en croire, chez quiconque) la considération de sa vie et le commentaire de sa pensée de l'histoire tourmentée de son corps. Celui-ci est à la fois l'aiguillon douloureux et le protagoniste d'une pensée dont l'affirmation est, en dépit de tout ce qu'il lui a coûté en matière de douleurs et de supplices, le thème central, le *leitmotiv* d'une symphonie en Oui majeur. Dans la bouche de Zarathoustra, il met des mots qui ne souffrent aucune ambiguïté : « *Corps, je suis* »...[1] Comme si l'âme, ou l'esprit, ou le psychisme, selon le siège et le nom qu'on veut attribuer à la vie intérieure d'un sujet pensant, ne pouvait non seulement pas s'isoler du reste, de son corps tout entier, mais que ce dernier constituait la part la plus essentielle de son être.

Or, s'il y a une période de sa vie où le corps de Nietzsche (et pas seulement le sien !) se manifeste, passe au premier plan de ses préoccupations les plus concrètes et, de ressource, se fait entrave à la marche de son œuvre, de son travail quotidien de recherche et d'écriture, c'est bien celle des fêtes de fin d'année. Noël et le Jour de l'an forment initialement un seul et même ensemble

---

1. Cf. *Ainsi parlait Zarathoustra*, Première partie, « Des contempteurs du corps », in *OPC*, volume VI, traduction de Maurice de Gandillac, Gallimard, p. 42-44.

à ses yeux d'enfant et d'adolescent. Ces fêtes deviennent au fil des ans pour lui l'occasion d'une épreuve toujours plus amère et plus violente, jusqu'à l'épuisement. Ses crises les plus graves (il en dénombre jusqu'à 118 la même année ![1]) le font passer d'une fragilité chronique à la détresse la plus profonde. Parfois, pendant des jours et des semaines entiers, il est cloué au lit, vomissant, à moitié aveugle, incapable de rien. Ces épisodes se concentrent étrangement presque tous dans ces quelques jours où l'année culmine avant de prendre fin. Au point qu'il n'est pas possible d'y voir un simple hasard dû aux circonstances.

À l'heure où chacun espère se réjouir et renaître, Nietzsche n'en finit pas de voir la mort s'approcher de lui, avant de le laisser chaque fois, terrassé de souffrance, poursuivre sa route toujours plus vacillant et plus solitaire. La charge émotionnelle, d'une violence inouïe, de ces moments de retrouvailles et de communion avec les siens, qui sont aussi ceux des bilans personnels et des projets les plus audacieux, est si forte qu'elle voit progressivement sa polarité s'inverser, au gré d'événements parfois heureux, mais aussi souvent terribles. Comme les disparitions à répétition de ses proches, qui surviennent souvent à la même période : son frère cadet Joseph en 1850, sa tante préférée Rosalie en 1867, le frère de son ami Gersdorff la même année, son mentor *ès* philologie Ritschl en 1877, tous disparus en janvier. Peu à peu, le paradis perdu de l'enfance peuplée se mue inexorablement en un enfer solitaire et un désert affectif dans lesquels l'homme parvenu à l'âge mûr s'enfonce, à chaque fin et à chaque début d'année, un

1. Cf. *Lettre à Elisabeth du 29 décembre 1879* in *Correspondance janvier 1875-décembre 1879*, volume III, traduction et notes sous la responsabilité de Jean Lacoste, Gallimard, p. 444. Cf. aussi *Lettres à Otto Eiser de mi-janvier 1880 et à Franz Overbeck de fin janvier 1880*, in *Correspondance janvier 1880-décembre 1884*, volume IV, traduction et notes sous la responsabilité de Jean Lacoste, Gallimard, p. 10-11. Nous citons dans tout ce chapitre la correspondance de Nietzsche traduite et publiée dans la collection « grise » chez Gallimard. À ce jour, elle comprend quatre volumes, qui couvrent les années 1850-1884.

peu plus. À l'exception de quelques mois miraculeux volés à la maladie et à l'isolement.

Parmi ceux-là, il y a le « *plus beau janvier* » de sa vie[1]. Celui au cours duquel, en 1882, il rédige un livre dont le titre, « *Saint-Janvier* », par l'effet d'une troublante concordance, s'ouvre sur une paire d'aphorismes qui condensent en quelques dizaines de lignes tout l'effort qui est le sien pour nouer entre eux les fils de sa vie et ceux de sa pensée. Ces textes ouvrent la quatrième et (provisoire) dernière partie du *Gai savoir* : « *Sanctus Januarius* ». Il y inscrit sa pensée de l'affirmation de l'existence, sertie entre *amor fati* (aphorisme 276) et éternel retour (aphorismes 341-342). Nous y viendrons plus loin, quand le moment sera venu de proposer une lecture détaillée d'un texte que seul un être écartelé entre des émotions que tout oppose a pu écrire. Comme on jette une bouteille à la mer en faisant le choix conscient d'y introduire ses pensées les plus intimes, avec l'espoir qu'elles ne seront pas perdues pour tout le monde.

C'est aussi en janvier, dans les tout premiers jours de l'année 1889, que Nietzsche s'effondre et sombre dans la démence. Du côté de la *via* Carlo Alberto à Turin, où il est devenu le Crucifié de sa propre existence. C'est là que vient le retrouver pour le ramener chez lui son plus fidèle ami, le théologien Franz Overbeck. Difficile de n'y voir qu'un vulgaire hasard ou une simple ironie du calendrier, tant cette période correspond pour l'intéressé à une zone de hautes turbulences affectives d'une régularité implacable. Pendant trop longtemps, l'écrivain apatride a vécu dans une solitude creusée par la fin d'année et rendue, à chaque fois, un peu plus cruelle.

Tel est l'arrière-plan concret et intime tout sauf anecdotique d'une philosophie qui n'ignore rien des contradictions et des

1. Cf. *Lettre à H. Köselitz du 25 janvier 1882*, in *Correspondance janvier 1880-décembre 1884*, volume IV, traduction et notes sous la responsabilité de Jean Lacoste, Gallimard, p. 166.

ambivalences de l'existence. Ici, le meilleur côtoie le pire, le miracle le dispute à la maladie et à la catastrophe, le deuil brise les joies les plus grandes, la reconnaissance cohabite avec l'abandon, la misère ouvre sur l'abondance. Les ans se suivent sans se ressembler tout à fait, ni se distinguer non plus réellement. Il leur faut passer et fuir en nombre suffisant pour que soient réunies les conditions qui permettent, en quelques lignes d'une profondeur jamais explorée à ce jour, d'en saisir et d'en interpréter le sens. Un sens que seul un esprit aux aguets, à l'affût de tous les troubles qui l'agitent, est à même de mettre en question. Et de nous offrir comme les étrennes d'un troubadour cherchant l'issue de secours de la métaphysique. Celle d'un homme tourmenté du Nord qui se trouve soudain et provisoirement ragaillardi par les vapeurs provençales du grand Sud. Là où le sirocco entête les hommes jusqu'à les rendre fous.

C'est la chronique de ces ans qui virent, des difficultés qu'ils accentuent et des espoirs qu'ils suscitent, qui constitue le préalable à toute interrogation du sens de la nouvelle année. Voyons comment Nietzsche les a vécus, avant d'en faire le matériau de sa philosophie autoproclamée de l'affirmation, celle de « *Saint-Janvier* ». N'espérons pas en tirer un quelconque manuel de bonne conduite pour le réveillon, ni une recette qui garantirait d'entrer dans l'année avec la certitude d'y trouver enfin les réponses à toutes nos questions ou les remèdes à tous nos maux. Chacun dans notre singularité ouverte à toutes les autres et dans l'idiosyncrasie qui nous caractérise de façon unique, contentons-nous, dans les deux sens du terme, d'identifier et de ressentir à notre tour les sentiments d'un être qui n'a eu de cesse de parcourir toujours plus avant le champ bariolé de l'existence. En suivant la précieuse indication de René Char :

> *Nietzsche perpétuellement séismal cadastre tout notre territoire agonistique*[1].

1. Cf. *La Nuit talismanique qui brillait dans son cercle*, 1972, I, *Vers aphoristiques*, « Baudelaire mécontente Nietzsche », Gallimard, Pléiade, 1983, p. 495.

Sans rien dissimuler du calvaire de Saint-Janvier qui est le sien, un peu plus année après année. Un saint tout sauf catholique, si l'on peut dire. Ce martyr est aussi, parfois, souvent, celui de n'importe lequel d'entre nous, quand nous accusons la vie de nous accabler de tous les maux que nous n'avons pas mérités. De nous priver de tous les bienfaits que nous ne pouvons que légitimement, les yeux cernés par la vie, appeler de nos vœux à l'heure de nous ouvrir à l'indétermination de l'an qui vient.

La fin du mois de décembre et le début de celui de janvier, la période dite des fêtes de fin d'année, sont pour Nietzsche des moments singuliers. À part de toutes les autres manifestations de l'attachement aux siens. Ils le sont à l'évidence pour tous les individus. Comme l'alcool ou la drogue, ils agissent comme des révélateurs de nos états les plus profonds. Ils sont l'expression sincère et authentique de notre rapport circonstancié à la vie. Chaque séquence vécue rebat les cartes. On ne les aborde jamais de la même façon selon son âge, sa condition et son état. Ce sont là trois variables majeures de l'existence, qui ont en commun d'évoluer constamment. D'autant que les années se suivent et ne se ressemblent pas. Ou jamais tout à fait. Parfois même, pas du tout.

Une année forte en émotions positives, ponctuée de projets couronnés de succès, riche en événements favorables, vecteurs de satisfaction et de sérénité, c'est la garantie d'une surabondance qui donne des ailes pour achever une année et en ouvrir une nouvelle. Entre volonté de déguster chaque moment pleinement et désir de lui laisser prendre sa place dans la trame harmonieuse d'une vie qui s'accélère ou qui trouve sa vitesse de croisière, une vie dont les jours ne sont pas la répétition d'un même vocable, mais une suite imprévisible d'occasions saisies et sans cesse réinventées. Les parents, au sens le plus large, et les amis, surtout ceux qui ne dépendent pas de la seule sphère sociale ou professionnelle, deviennent dans un tel contexte non pas de simples bouées ou balises auxquelles on se rattache pour ne pas perdre le fil de soi-même ou pour échapper à une impression de solitude devenue étouffante, mais des acteurs et des complices heureux qui concourent à donner sens et valeur à tous les aspects de l'existence.

Au contraire, une année morne ou sombre, au cours de laquelle aucun changement notable n'est venu perturber favorablement le cours habituel des choses, sinon pour savonner la planche sur laquelle on n'a trouvé ni stabilité, ni moyen de se laisser aller plaisamment au cours aléatoire et toujours inventif des choses, une année ternie par le deuil ou par la rupture d'un équilibre quel qu'il soit, amputée de ses plus belles heures par l'impossibilité d'accomplir ses projets ou simplement par l'incapacité de disposer pleinement de soi, de ses proches ou des moyens d'agir et de partager, une telle année prend fin malgré nous, à notre corps défendant. Les fêtes qui viennent la clore sont au mieux un ballon d'oxygène, une récréation dans le fil ordinaire d'un quotidien sans relief ni horizon. Elles peuvent aussi se muer en un fardeau, quand il faut passer son temps à faire « comme si » : *comme si* tout allait bien, *comme si* on était heureux d'être seul ou au contraire au milieu des siens, de préparer des banquets qui n'ont d'autres raisons d'être que sociales et culturelles, sans trouver aucune résonance à l'intérieur de nous-mêmes dans un quelconque désir de partager ou simplement d'être avec les autres.

Nietzsche a, comme tant d'autres hommes, connu les unes et les autres. Les années fastes et puis les autres. Celles où il est bon de retrouver les siens, de partager des moments forts avec des amis qu'on estime et qui vous le rendent. Mais aussi celles où l'on voudrait se retirer de tout commerce familial ou amical, parce qu'on n'est tout simplement pas présentable. Que la vie nous prive du goût des autres. Que l'étau de la souffrance est si puissamment resserré sur notre être qu'on se croit privé d'avenir. Et si la maladie s'invite à la fête, alors plus rien ou presque n'est possible. Mais ne faut-il pas en passer par toutes ces manières opposées et changeantes de vivre les fêtes de fin d'année pour être en mesure d'en tirer autre chose que des propos convenus sur le plaisir ou le déplaisir qu'on a éprouvé à vivre telle année, dans tel contexte et pour des raisons qui, le plus souvent, nous échappent ? À la question de savoir comment se sont passées les fêtes, il y a peut-être autre chose à répondre que bien ou mal, comme ceci ou comme cela. Par exemple ceci : quel sens cela a-t-il *pour moi*, à tel moment de ma vie, sur fond de *tel* ou *tel* événement venu ou à venir, de fêter Noël ou la nouvelle année ? Comment ai-je vécu ces moments au cours de mon existence ? Puis-je seulement les mettre sur le même plan ? Il y a des façons de s'interroger qui sont les seules réponses qui vaillent. Et elles ne valent alors que pour tel individu donné à tel moment déterminé. La vérité peut se faire singulière sans cesser d'être universalisable…

On les appelle « les fêtes ». Comme si elles formaient un tout. Une seule et même entité. Un bloc indivisible. Une séquence parfaitement cohérente dans laquelle toute dissociation serait une négation des deux éléments qui la composent. À une semaine d'intervalle, on passe d'un banquet à l'autre. Sans avoir le temps de comprendre ce qui se produit en nous en amont et en aval de cette dernière séquence de l'année qui meurt. Comme s'il y avait là une condition pour que l'illusion et la magie jouent à plein. Mais c'est en un sens et sous une forme très différents, en réalité.

Une fête plutôt familiale d'abord. Intergénérationnelle. Elle ranime les liens du sang. Pour quelques heures au moins, elle permet de rapprocher ceux qu'ont tendance à éloigner les uns des autres à la fois le quotidien, la distance géographique et l'effritement naturel des relations horizontales entre les membres d'une fratrie, mais aussi verticales entre les parents et leurs enfants de tous âges. C'est Noël. Au-delà de l'opportunité de se retrouver autour d'un repas plus riche que tous les autres, elle fournit à chacun l'occasion de revenir au pied d'un sapin garni, brillant de tous ses feux, qui tient lieu de totem de l'enfance perdue. On retourne chez les siens, dans le lieu où l'on a en général vécu et grandi, pour une bouffée de nostalgie, pour s'autoriser avec la bénédiction de tous un shoot aussi puissant que bref d'amour parental et fraternel. On ouvre grand les écoutilles de son être pour régresser en groupe. Il faudra attendre un an avant de revivre ça ! L'excitation le dispute à l'impatience pour un retour aux sources jamais taries de son enfance, dont personne ne conteste la légitimité, ni la nécessité. Si la neige et le froid sont au rendez-vous, c'est encore mieux. L'occasion est donnée de se réfugier dans un noyau d'affectivité qu'on est, quel que soit son âge, content de retrouver ou de reconstituer. Pour quelques heures seulement. On s'y prépare longuement. Car c'est toujours, quoi qu'on en pense ou dise, une épreuve. On y consacre du temps et des efforts de préparation ritualisés, en reproduisant des cérémonials que chaque foyer décline à sa manière. Plein de pompe et de faste pour les uns, tout en retenue et dans un style minimaliste pour les autres. C'est surtout l'épiphanie de l'enfantin, la parousie de la régression pour tous ceux qui y prennent part. C'est sans doute pourquoi la fête n'est pleinement réussie que si elle réunit les générations. Les enfants sont les rois d'un soir. On cherche dans leurs regards et dans leurs corps tortillés par l'attente ce qu'on a éprouvé soi-même. On a besoin de Noël à tous les âges. De sa magie, du secret de Polichinelle d'un artifice éventé le plus souvent dans la cour de récréation. On ressent le désir d'être trompé et de tromper, de protéger la tromperie des ingénus qui ont le privilège de faire de la vérité une variable d'ajustement dont ils se passent avec une inconscience militante. Comme il est bon de croire même un peu, envers et contre tous, à ce qui n'existe pas et de le faire avec tous ceux qui prennent part à cette duperie volontaire ! Les absents n'ont pas tort ce jour-là. Ils sont là, dans le cœur de ceux qui sentent planer l'ombre fantomatique d'êtres disparus qu'une photographie, l'évocation d'un fait, le rappel d'un souvenir commun suffisent, entre deux toasts, à intégrer à une fête que, comme un séjour à Venise, on ne souhaite à personne de vivre seul. Noël, c'est la fête du moi choyé, un instant réconcilié avec les fils de sa vie d'avant et avec ceux dont il est fait présentement. Un moi qui n'est pas loin de devenir gâteux par le comblement éphémère du fossé des générations.

Puis, sans avoir le temps de mesurer vraiment ce qu'on a ressenti quelques jours plus tôt, déjà happé par les préparatifs d'un autre réveillon, on passe à une tout autre fête. L'amitié y est généralement le lien décisif, le signe de ralliement. Même quand elle se déroule encore dans un cadre familial. L'ambiance se veut festive là aussi, quoique différemment. On remplace les cadeaux par les excès, le devoir par le plaisir. Un récital de musique, une pièce de théâtre, un film peuvent tenir lieu de dernier rendez-vous de l'année. Ici, la fin est déjà le commencement d'autre chose. Avant de lever les voiles et de s'engager sur des mers inconnues, on profite d'une dernière halte. On s'accorde un dernier répit, pour finir l'année en beauté ou le plus vite possible. On échange ses regrets contre des espoirs, ses souffrances contre des souhaits, ses démissions contre une maigre poignée de résolutions souvent fragiles. Même le navigateur solitaire, bardé de sponsors, aux commandes de son vaisseau à réclame, cet aventurier cathodique et pourtant bien réel, que le roman médiatique de la fin d'année nous ressert entre deux plats dans une propagande télévisuelle chaque année mieux réglée, même celui qu'on laisse partir ou qu'on accueille dans le chenal privatisé du port par milliers, un fumigène à la main, même celui-là, on le sait, on le souhaite, la larme à l'œil, fêtera solitairement, par une coupe de champagne, aux quarantièmes rugissants, son besoin de découpage du temps comme condition du renouveau. Dans l'océan du temps, il jette une balise en ouvrant une bouteille. Sur l'étiquette de celle-ci, on devine et on imagine la boucle solitaire d'un homme autour de l'espace mondial, qui traverse les océans comme on roule sur la file de gauche de l'autoroute, sans rien voir d'autre que ce qui vient à soi, cette boucle hyper-médiatisée, qu'on peut suivre en temps réel et qui devient nôtre malgré nous. La terre devient pendant quelques semaines, comme la vie sertie entre naissance et mort, un anneau qui roule sur lui-même. L'existence file alors à la vitesse d'une année déjà abolie pour toujours. Son tour du monde parle avant tout de ce tour sur soi-même que chacun fait quand l'horloge a gaspillé toutes les secondes d'une révolution terrestre. Il est alors temps de passer à autre chose. Jusqu'à la prochaine fois. Les hommes de mer n'ont sur ce point rien à envier aux philosophes, ni aux quidams de la terre ferme : ils ont besoin de fêter la fin et le début de l'année pour savoir où ils en sont avec eux-mêmes. Et, pour cela, avant de traverser la paroi transparente du calendrier, ils ont besoin, à deux reprises, de regarder, à Noël, un coup derrière eux et, au Jour de l'an, un coup devant eux. Sauf que, pour le faire, ils ont choisi d'être seuls et on ne sait si on doit les envier ou bien les plaindre. Les deux, mon capitaine.

LA FÊTE DE NOËL est de loin le moment de l'année que Nietzsche a longtemps préféré. Au moins jusqu'à la fin de son adolescence et au début de sa vie d'adulte. Ce fait biographique est tout sauf un détail anecdotique dans son existence. Ses lecteurs attentifs aux rapports entre sa vie et sa pensée n'ont pas manqué de le souligner. Certains ont même commenté et discuté ce point crucial pour notre propos.

Son biographe Curt Paul Janz décrit l'état d'esprit si particulier qui est celui de Nietzsche à Noël à l'aide d'un concept, celui d'« *intimité confortable* ». La philosophie ultérieure du père de Zarathoustra n'en conservera aucune trace. Il joue pourtant, à en croire Janz, un rôle essentiel dans les années de jeunesse du futur philologue passé à la philosophie :

> *Ses plus grandes joies sont les fêtes familiales, les anniversaires et les Noëls ; dès son enfance, l'un de ses mots préférés, bien qu'il n'ait rien de juvénile, est la notion d'intimité confortable* (Gemütlichkeit), *qui n'apparaîtra plus chez l'homme mûr et combatif. Enfant, il se sent à l'abri au sein de cette intimité, car aucune flamme n'a encore fait irruption en son cœur, ni exigé de lui quelque effort sérieux de résistance*[1].

1. Cf. C.P. Janz, *Nietzsche. Biographie*, 1983, 3 volumes, tome I, Paris, Gallimard, p. 49.

Un autre commentateur et éditeur de Nietzsche, le philosophe français Yannick Souladié, insiste sur l'importance, mais aussi sur l'ambivalence, de cette période dans la vie affective du très jeune Friedrich Nietzsche et dans son développement ultérieur :

> *La fête de Noël a toujours eu une signification particulière pour Nietzsche. On voit [...] la fascination qu'elle exerçait sur lui enfant. Plus tard, une fois qu'il se sera irrémédiablement éloigné du christianisme, Noël fut l'occasion, pour le professeur bâlois, puis pour le philosophe errant, de retrouver sa famille. Les fêtes de Noël furent toujours particulièrement éprouvantes pour le Nietzsche de la maturité : faisant ressortir au grand jour les oppositions de valeur et les tensions entre sa mère et sa sœur, conservatrices, patriotes et ferventes chrétiennes (Elisabeth se ralliant même à l'antisémitisme au milieu des années 1880), et lui-même, elles pointaient cruellement du doigt sa solitude. Nietzsche tombait systématiquement malade à l'approche de Noël ; l'hiver 1879-1880 faillit même lui être fatal. Ce n'est sans doute pas un hasard si, fermant le cercle entamé par ce premier journal, l'effondrement mental eut lieu après Noël, à Turin*[1].

Sous la plume de Janz, revenant sur les pas de Nietzsche lui-même, on peut lire :

> *[...] la sécurité de ses premières années d'enfance, comme le trouble des dernières, ont disparu* : « C'est ainsi que l'homme se libère de tout ce qui naguère l'entravait ; il n'a pas besoin de briser ses chaînes, puisque, quand un Dieu l'ordonne, elles tombent sans qu'il s'y attende. Où est l'anneau qui l'enserre encore ? Est-ce le monde ? Est-ce Dieu ? » *Le jeune Nietzsche se livrait fréquemment à de telles considérations critiques sur lui-même. Le Nouvel An était par exemple l'occasion toujours renouvelée d'un bilan général, d'une méditation toujours profondément et intensément vécue*[2].

L'intimité d'un foyer, le sentiment de sécurité tiré de l'affection des siens, la magie de l'alchimie familiale, tout cela semble effectivement contribuer à favoriser des épanchements affectifs qu'on peut croire sincères et dans lesquels la puissance des

1. Cf. *Écrits autobiographiques*, traduction de Marc Crépon, préface, notes et annexes de Yannick Souladié, note 1, Éditions Manucius, coll. « Le marteau parle », p. 33-34.
2. Cf. C.P. Janz, *op. cit.*, tome I, Gallimard, p. 103.

sentiments exprimés n'exclut pas, pour Nietzsche, de porter sur soi un regard critique. Ni de laisser libre cours à certains élans littéraires qui, pour convenus qu'ils soient, signent déjà à leur manière le besoin impérieux d'écrire et de créer. Ni surtout, dans les tout premiers textes autobiographiques de son adolescence, de raconter dans le détail tout ce qu'il a ressenti sur le plan affectif et émotionnel au moment de fêter Noël parmi les siens. Difficile de ne pas y retrouver des sentiments et des états que chacun a éprouvés et vécus.

Dès l'enfance, Noël est le moment que Nietzsche choisit pour se raconter et pour faire le bilan de sa vie. Un bilan sans cesse repris et augmenté de nouveaux épisodes ou détails. C'est l'heure de l'équilibre entre les deux (*bi*) plateaux (*lanx*) de la balance. Le mot tire sa racine d'un terme italien du XVIe siècle, *bilancio*, issu du verbe *bilanciare*, qui signifie peser ou mettre en équilibre. En ce sens, tout bilan est comptable. Il permet de savoir si l'on est à l'équilibre. De faire le décompte minutieux de tout ce qu'on a vécu, éprouvé, senti, espéré, réalisé, manqué ou réussi. Mais pourquoi donc ? Et pourquoi à cette période-là précisément plutôt que sous le soleil de l'été, lors d'une des deux équinoxes ou même un jour d'anniversaire ? C'est que le bilan suppose le terme de quelque chose, l'appui sur un point ferme et stable, qui vaut pour soi et pour tous les autres à la fois. Au risque de pouvoir être contesté, s'il est privé du contexte qui convient. Et puis, il faut du temps pour établir un bilan. La disponibilité manque quand l'affairement des jours compromet et dissout la conscience de soi dans les tâches utiles du quotidien. Elle est la condition primordiale, quand le poêle ou la cheminée réchauffe en fin d'année le foyer, et que les cœurs s'y agglutinent, pour jeter un œil au fond de soi-même.

NIETZSCHE ouvre son journal autobiographique à Noël, le 26 décembre 1856. Il y fait part du haut de ses douze ans d'une décision qui doit beaucoup à la magie des derniers jours de l'année. Elle en dit long sur la manière dont les émois de la période de Noël s'inscrivent au plus profond de son être. Il entend aussi y faire œuvre de chroniqueur de son temps :

> *J'ai enfin pris la décision d'écrire un journal, où sera légué à la postérité tout ce qui me remplit le cœur de joie ou de peine, afin qu'après des années on se souvienne encore de la vie et des études de cette époque, notamment des miennes.*

Gagné par une émotion envahissante, ses derniers doutes se dissipent :

> *Puisse cette décision rester inébranlable, en dépit des obstacles certains qui se mettront en travers ! Il est temps de commencer. Nous sommes entrés maintenant dans la période des fêtes de fin d'année. Nous les attendions, nous les sentions venir, nous nous en réjouissions. Et voilà qu'elles menacent de s'éloigner à nouveau. Car c'est déjà le deuxième jour des fêtes. Pourtant, un sentiment de bonheur d'une parfaite plénitude rayonne d'une veillée de Noël à l'autre.*

Il glisse insidieusement du nous au je pour décrire son propre vécu, auquel chacun peut aisément s'identifier :

> *C'est avec le commencement de mes vacances qu'ont commencé ces réjouissances de Noël que je veux dépeindre. Nous sortîmes de l'école. La longue durée des vacances s'étalait devant nous, et avec elle la plus belle de toutes les fêtes. Depuis déjà quelque temps, l'accès à certains lieux nous était interdit. Une nappe de brouillard enveloppait toutes choses de mystère, afin que nous soyons plus profondément pénétrés des rayons de joie que projette le soleil de la fête du Christ. On s'inquiétait des courses de Noël. La conversation portait presque uniquement sur ce sujet. Je tremblais de joie, quand mon cœur plein d'exaltation y songeait. Aussi je m'empressai de rendre visite à mon ami Gustav Krug. Nous laissâmes libre cours à nos sentiments, tandis que nous rêvions de ce que le lendemain nous apporterait en guise de cadeaux. Ainsi passa la journée dans l'attente de l'événement.*

Puis, il décrit les émotions et les sentiments qui le saisissent au moment des préparatifs de Noël et pendant les heures interminables et délicieuses qui précèdent le réveillon. Là encore, la dimension mystérieuse de l'événement est soulignée :

> *Le jour vint ! Ma chambre était inondée de lumière. Combien de sentiments agitaient mon cœur ! C'était au soir de ce jour qu'autrefois, à Bethléem, le monde avait trouvé son salut, ce jour à l'occasion duquel, chaque année, maman me comblait de superbes présents. Le jour passa avec une lenteur d'escargot. Les piquets devaient être rapportés par la poste. Nous fûmes mystérieusement chassés de la chambre dans le jardin. Que pouvait-il se passer pendant tout ce temps ? Puis, vint la leçon de piano, que je prenais chaque semaine, le mercredi. J'avais fini de jouer une sonate facile de Beethoven, et je devais m'attaquer à quelques variations. Maman nous dit à ma sœur Elisabeth et à moi* : « Les préparatifs sont presque finis ». *Nous en étions remplis de joie. Là-dessus, ma tante arriva. Nous l'accueillîmes avec des cris d'allégresse, et de tels hurlements que la maison trembla. Sa fille, qui aida aux derniers préparatifs, était avec elle. Juste avant la distribution des cadeaux vinrent encore la femme du pasteur Harseim et son fils.*

Puis, arrive le moment de laisser éclater sa joie, dans le souvenir d'un bonheur ineffable, dans lequel chacun peut facilement reconnaître le sien :

> *Alors, qui décrira notre bonheur ? Maman ouvrit la porte. Nous fûmes éblouis par l'arbre de Noël et la profusion des cadeaux qui l'entouraient. Je ne sautai pas, je me précipitai et, chose curieuse, trouvai ma place aussitôt. J'aperçus d'abord un très beau livre (comme il y en avait deux, je dus choisir), à savoir* Le monde légendaire des Antiques. *Je trouvai aussi un patin. Mais quoi ! Seulement un ? À coup sûr, on se moquerait de moi, si j'essayais de boucler un patin sur deux jambes. Voilà qui serait surprenant.* « Mais vois un peu ce qui t'attend là-bas ! Suis-je à ce point petit et insignifiant que tu ne me remarques pas ? » *Ainsi parlait tout à coup un épais volume* in-folio, *qui contenait douze symphonies à quatre mains de Haydn. Un frisson de joie me traversa comme l'éclair des nuages. Vraiment, mon désir inouï se réalisait, mon plus grand désir ! Tout à côté, je mis la main sur le deuxième patin, et comme je l'examinais de plus près, je vis encore une paire de culottes. Je contemplai alors ma table de Noël avec tous ses cadeaux, me demandant à propos de chacun qui me l'avait offert.*

La crédulité de l'enfant laisse progressivement place à une forme de curiosité interdite :

> *J'étais curieux de savoir avant tout qui pouvait bien m'avoir offert toutes ces notes de musique. La seule information que j'obtins fut que c'était un inconnu qui me connaissait seulement de nom. Puis, nous bûmes du thé et mangeâmes une grande brioche. Enfin, après que nos invités furent partis, et que la fatigue se fut emparée de nous, nous allâmes nous reposer.*

Ces textes sont très émouvants. Pas seulement parce qu'ils sont rédigés par une toute jeune personne, dont rien ne transparaît encore, sous la banalité et la douceur des images qu'elle emploie pour décrire le bain de mystère dans lequel elle se trouve plongée, des éclairs philosophiques qui sortiront de sa plume une fois parvenue à maturité. Ni seulement parce qu'ils sont empreints d'une candeur et d'une naïveté dans lesquelles chacun retrouve ses propres émois enfantins. Mais parce qu'ils expriment, avec une netteté confondante pour l'âge de leur rédacteur, tout ce qui inscrit dans un temps et un espace purement intérieurs des sentiments à la fois intimes et communs auxquels personne ne peut demeurer indifférent. Ils sonnent les épousailles du singulier et de l'universel au fil directeur de la magie de Noël.

Quelques années plus tard, alors âgé de vingt-deux ans et engagé dans des études de philologie à Leipzig, Nietzsche formulera, dans le brouillon d'une lettre de décembre 1866 qui ne sera jamais envoyée, adressée à son ami du moment, Hermann Muschacke, tout ce que représente encore à ses yeux de jeune adulte ce moment singulier où l'année prend fin. Il propose d'en dégager le sens et d'en rappeler la valeur à son camarade :

> *Cher ami, Nous voici malgré nous entrés dans la plus belle période de l'année ; à mesure que nous vieillissons – et malheureusement on vieillit très vite – certes plus étrangère nous devient la prétendue « signification » de cette période, mais le souvenir des heureuses impressions de l'enfance continue à la rendre, même très tard, toute proche de notre cœur. On voit tant de visages pleins d'espoir, amicaux, riches d'enfantines émotions ; partout on découvre le secret désir d'être agréable à l'un ou à l'autre et de le rendre heureux, on dépense son argent à des choses inutiles, on fait des cadeaux alors que le reste du temps on se contente de payer – qui oserait encore médire d'une période où domine et agit un élément idéal, négateur du vouloir (et spécialement nettoyeur de bourses), et ceci au milieu des courants égoïstes du XIXe siècle ?*

On a beau avoir lu les classiques, reçu une formation intellectuelle de premier plan, commencé sérieusement à avancer dans l'existence en choisissant de se passer de toute béquille transcendante malgré une éducation protestante rigoureuse, Noël reste Noël. Même quand on a vingt-deux printemps au compteur et qu'on est l'un des meilleurs philologues de sa génération (qui n'en manque pas !). L'âge ne change rien à l'affaire. C'est « *la plus belle période de l'année* ». Celle où l'enfant qu'on a été retrouve droit de cité. Celle aussi de faire entendre une voix en nous qui ne peut jamais se taire, même quand certaines années empêchent de percevoir toute la gamme d'émotions enfouies en chacun. Avant d'en faire la troisième métamorphose[1] par laquelle chacun devient celui qu'il est, après le chameau porteur des valeurs des autres et le lion qui rugit pour son propre compte, l'enfant, celui que fut Nietzsche ou n'importe qui d'autre, nous donne à éprouver et à méditer tout ce qui remue les cœurs et les âmes au moment de froisser les papiers cadeaux de Noël. Bizarrement, ils ne font pas le même bruit intérieur que ceux qu'on déchire pour son anniversaire. Ils ne parlent ni de naissance ni de mort. Ils nous placent dans ce hors-temps vertigineux qu'est le moment unique où recevoir et donner ont le même visage familier de ceux qui nous sont chers. C'est Noël.

1. Cf. *Ainsi parlait Zarathoustra*, Première partie, « Des trois métamorphoses », in *OPC*, volume VI, traduction de Maurice de Gandillac, Gallimard, p. 37-38.

DANS SON JOURNAL de l'année 1858, Nietzsche explicite pour lui-même ce qui distingue une fête d'anniversaire, qu'en général chacun attend avec impatience pendant sa jeunesse (chaque individu détermine ce qu'il entend par là) avant de se mettre à la redouter avec l'âge (la même indétermination vaut pour lui), et la fête de Noël, dont le charme ne décline pas avec le passage des ans :

> *Sans posséder la même splendeur, notre anniversaire a quelque chose de comparable, même si nous ne sommes pas remplis de la même joie qu'à Noël. Il lui manque cette signification qui place Noël au-dessus de toutes les autres fêtes. Ensuite, notre anniversaire ne concerne que nous, alors que Noël s'adresse à tous les hommes, les pauvres et les riches, les petits et les grands, les gens obscurs et les gens en vue. Sans aucun doute, cette joie commune augmente notre sentiment, on peut en discuter avec chacun, on partage tous la même attente, on considère aussi que c'est le point culminant de l'année, on songe à ces heures nocturnes, comme au soir où notre âme est la plus agitée, et à l'extraordinaire solennité qui accompagne la fête. L'anniversaire est davantage une fête de famille, Noël est celle de tous les chrétiens. Et pourtant, j'ai beaucoup aimé le mien, il tombait le même jour que celui de notre roi bien-aimé*[1].

Nietzsche est encore loin de la critique qu'il fera, quelques années plus tard, de la morale chrétienne et de la « *Judée* », comme il

1. Il s'agit de Frédéric-Guillaume IV de Prusse.

l'appellera. Sous ce titre, il désignera la morale des faibles. Celle qui fait prévaloir l'intérêt du prochain sur le sien propre. Il lui opposera la morale aristocratique, à laquelle il donnera pour nom « *Rome* ». L'inversion de valeurs pratiquée par le christianisme consiste à tenir pour bien ce qui pour les Romains était mauvais et pour mal ce qu'ils considéraient comme bon. Enfant, puis adolescent, Nietzsche baigne dans un protestantisme strict, qui le porte à voir dans le partage et la communion quelque chose d'essentiel. Si l'anniversaire rattache chacun à ses proches, plutôt qu'il ne doit inciter à justifier un repli sur soi, la fête de Noël nous relie à tous les hommes, selon le jeune Nietzsche. Cela n'exclut pas de manifester sa joie pour fêter le jour de sa naissance, et d'autant plus si elle s'exprime sur fond de patriotisme prussien. Mais celle-ci se trouve décuplée quand elle prend pour justification morale la réunion de tous les êtres créés autour de celui qui vient au monde pour offrir aux hommes la rédemption de tous leurs péchés. Le temps n'est pas encore pour le petit Friedrich aux imprécations contre le christianisme, ni à la promulgation d'une loi capable de mettre fin à tous les renoncements dont cette « *morale du troupeau* » est porteuse. Il viendra avec la maturité des ultimes années de la vie consciente du philosophe, quand il aura passé la quarantaine et que toutes les amarres de l'enfance et de la foi auront été rompues depuis longtemps déjà. Ce sera le moment de la « *transvaluation de toutes les valeurs* ». La figure du Christ échappera à la critique radicale[1] qu'il développera alors. Tout le folklore religieux qui l'entoure sera, lui, ramené à une forme de décadence et de faiblesse.

À Noël, comme à son anniversaire, l'impatience toute juvénile qui est la sienne le dispute encore pour l'heure à la crainte de laisser filer ces heures particulières trop rapidement, comme dans

1. Cf. *L'Antéchrist*, § 39, in *OPC*, volume VIII, traduction de J.-C. Hémery, Gallimard, p. 198-199.

cette lettre à son jeune ami Wilhem Pinder du 16 décembre 1858. Nietzsche a alors quatorze ans :

> *Il reste à présent encore six longues pleines journées !! Mais elles vont s'écouler elles aussi. – Vendredi est jour d'études, samedi passera en songeant à dimanche ; où je serai sans doute à Naumburg ; lundi, c'est le premier jour de la semaine des vacances ; mardi, on est conduit à Kösen, et le mercredi matin je me mets en marche. – Telle va être la dernière semaine. [...] Pendant ces vacances, nous aurons beaucoup à nous raconter. Je pourrai sérieusement travailler à ma biographie. Pourvu que ces douze jours ne passent pas trop vite !*

Mais c'est encore l'impatience qui l'emporte dans cette lettre à sa mère Franziska et à sa sœur Elisabeth de décembre 1861 (il a dix-sept ans) :

> *Le temps quand même passe bien trop lentement, depuis hier un seul jour seulement ! Comme ce sera long encore d'ici Noël !*

On peut être impatient de retrouver quelqu'un, ou au contraire de le quitter. De rejoindre une destination dont on espère monts et merveilles, ou simplement de se détacher de certaines choses pour en acquérir d'autres qu'un lieu peint à notre imagination comme la condition de la satisfaction de nos désirs, et donc de nos manques. De commencer une activité ou de la cesser, enfin. Mais l'impatience provoquée par l'attente de Noël est à part de toutes les autres. Pas seulement parce qu'elle est le fait des enfants, qui ne savent pas attendre, selon l'antienne plaintive d'adultes repentis et amnésiques, qui, même lorsqu'ils ont gardé le souvenir vivace de ces états en eux, ne les tolèrent plus chez leurs puînés. Sans être des vices, le gémissement et les piétinements des enfants ne passent plus aux yeux de ceux qui ont la tâche de les éduquer. Ingratitude de l'âge et amnésie de ceux qui sont passés aux responsabilités, tels sont aussi les présents que les enfants découvrent au pied du sapin. Mais, chez les Nietzsche, on se tient même ce jour-là. L'absence du père ne change rien à l'affaire. Franziska, la mère, tient la maisonnée avec fermeté et tendresse. Les débordements ne sont tout simplement pas concevables dans un tel contexte. Du moins pas encore. Et pas de la nature qu'ils auront quand il s'agira pour le fils prodigue de renoncer à suivre la voie toute tracée du pastorat paternel et les articles de foi dont elle est, depuis plusieurs générations, tapissée par ses aïeuls.

L'impatience est toutefois une expérience du temps qui mérite qu'on s'y arrête un peu. Qu'on l'aborde autrement que sous un angle moral. Ceux qui la condamnent sont peut-être pris à leur propre jeu d'une disqualification hâtive. Pour éviter la contradiction performative qui consisterait à se précipiter sur la critique des impatients, il convient donc peut-être de leur laisser une chance. Et de se laisser le temps de saisir le concept sous la notion. Pour cela, il faut faire ce pas de côté décisif que la pensée seule peut accomplir pour sortir un instant de l'expérience commune et en révéler les ambivalences les moins manifestes.

La forme négative du mot dénote une lacune, qui révèle une incapacité, voire un refus. L'impatient ne saurait pas attendre. Il ne le voudrait pas. Cette figure pressée de la mauvaise volonté ne serait pas capable d'apprécier, ni de s'appliquer à elle-même les vertus de l'art de différer, de reporter, de laisser venir. Gide ne parle-t-il pas, aux quatre coins de son œuvre, du désir de ce qui nous manque et qu'on convoite comme de quelque chose qu'il faut savoir dérouler, étirer, avec la délectation de celui qui, en même temps que la fin, veut aussi déployer les moyens qui permettent de l'atteindre ? La patience intensifie le plaisir, c'est bien connu. L'enfant en est dépourvu. Chacun l'admet sans peine. Ce qui n'exclut évidemment pas de le conduire à en acquérir la maîtrise, ni de l'inviter prestement à se l'appliquer à lui-même comme un savoir-faire dont l'évaluation n'attend pas le nombre des années. Le jour de son anniversaire et, plus encore, le soir de Noël, l'indulgence est toutefois de mise. Pour la paix des plus grands d'abord, convenons-en. Ce soir, c'est la fête, allez... Parce que ceux-là, surtout, font également preuve d'impatience dans tant de compartiments de leur existence qu'il ne leur est pas toujours facile de ne pas se voir opposer un reproche dont ils ne sont pas exempts. Mais plutôt que d'en traquer les insuffisances chez l'enfant ou l'adolescent et les rémanences chez l'adulte pour les culpabiliser tous en les accusant de n'avoir pas grandi ni mûri, ne peut-on pas en faire apparaître l'ambiguïté ? Et si l'impatience était aussi une ressource et un moteur, une qualité et une richesse ? Pour en prendre la mesure, une précaution intellectuelle s'impose. Il faut se détourner de la morale du jour qui instruit un peu trop vite le procès intenté à notre époque, qui passe sans doute à raison pour être marquée par le culte de l'immédiat et du tout-tout-de-suite. Mais serions-nous vraiment les premiers hommes à ne pas savoir attendre ? Qu'est-ce que le savoir a à faire ici ? Sans doute sommes-nous les victimes consentantes d'une très vieille confusion, qui remonte au Socrate platonicien, qui identifie vertu et savoir. On sait ce qu'en pensait Nietzsche : Platon n'est pas grec, il est juif, et sa morale est un sous-christianisme pour le peuple. Socrate condamnait la vie, comme le prouve sa manière de mourir avec entrain[1]. Il faut porter le regard ailleurs, si l'on veut sortir de ce vieux malentendu. L'urgence est de « *rentrer en nous* », comme l'exigeait de lui-même saint Augustin dans ses *Confessions.*

Que nous révèle donc l'impatience ? Comme la colère, elle est souvent mauvaise conseillère. Sur l'autel du présent immédiat, elle conduit à manquer l'essentiel, c'est-à-dire soi-même. L'impatient, comme le dispersé, s'empêche de recevoir les cadeaux de la vie. Il veut se débarrasser de tout ce qui le retarde. Ce qui lui fait perdre un temps fou. L'impatience tourne le dos à notre meilleur allié face à l'adversité : la persévérance. Loin de nous rapprocher

1. Cf. *Le Gai Savoir*, Quatrième partie, § 340, in *OPC*, volume V, traduction de P. Klossowski, édition revue, corrigée et augmentée par Marc B. de Launay, Gallimard, p. 231-232.

de notre but, elle nous le fait perdre de vue. Elle interdit le répit et provoque l'anxiété, le stress, l'impulsivité négative, qui font obstacle à toute recherche de confort. La volonté de maîtrise du temps qui l'habite conduit à l'impuissance. Elle ferme la porte à la régulation émotionnelle, qui permet d'inscrire un projet dans la durée nécessaire à sa réalisation effective et satisfaisante. Car tel est bien le nerf de l'irascibilité impatiente : l'insatisfaction, l'incapacité à se satisfaire de ce qui est et l'inaptitude à donner au cours des choses la forme qu'on voudrait qu'il prît. Au lieu de rendre possible la concentration des forces et des pensées sur ce qu'il faut considérer, elle détourne nos flèches de la cible et nous fait nous-mêmes sortir des écrans-radars du réel. Mais n'est-ce pas justement pour cela que l'impatience mérite d'être louée ? Elle est une protestation qui n'est pas toujours injustifiée. Elle pousse aussi au progrès, invite à faire bouger les lignes, à sortir d'une insatisfaction dans laquelle on aurait tort de s'installer. Bref, à créer et à inventer. Le désir qui l'habite exprime le manque et la frustration non pour s'y complaire, mais pour les juguler. En cela, elle peut être la condition du renouveau, l'appel à changer d'ère, à ouvrir un nouveau cycle de l'action par la pensée de ce qui est conçu comme bon. L'impatient souffre d'un état du réel dont il ne se contente pas. Il cherche le remède à tout ce qui limite sa puissance d'exister : l'habitude, qui provoque l'ennui, lequel conduit à l'insatisfaction.

Les fêtes de fin d'année sont de grands moments d'impatience, quoique de nature très différente. Noël rend impatients les enfants et, reconnaissons-le à présent, même ceux qui n'en sont plus. C'est l'impatience triviale et ordinaire, celle qui fait qu'on oublie qu'une fois les cadeaux ouverts, tout sera terminé et qu'il ne restera plus qu'à tout recommencer à zéro l'année suivante : les désirer, les commander, les attendre, les recevoir, les apprécier, les critiquer, les regretter, les remplacer par d'autres éventuellement. Ici, l'impatience conditionne et compromet à la fois toutes choses. Mais est-ce la même impatience qui nous étreint au Nouvel An ? Le passage à la nouvelle année n'est-il pas ce carrefour qui permet de donner à sa vie une orientation neuve, qui permet de rompre sans plus attendre (il n'y a là aucune impuissance, ni méconnaissance !) avec l'état présent de notre existence ? Les impatients souffrent et agacent. Ils ont pourtant pour eux la fougue motrice qui rend tous les changements possibles. Ce qui n'exclut pas, justement parce qu'on n'a pas ou plus de temps à perdre, de créer le sien, de se prendre en main et d'ouvrir une page nouvelle. Les cartes de vœux peuvent se lire comme des déclarations d'impatience. Là est leur vertu.

COMME LA PLUPART des enfants et des adolescents prussiens de son époque et de son milieu social, Nietzsche a commencé à rédiger très tôt des mots et des cartes de vœux pour Noël et surtout pour la nouvelle année[1]. Orphelin de père à moins de six ans, puis pensionnaire du collège royal de Pforta à seulement quatorze (son œuvre poétique compte alors déjà trois périodes ![2]), cette pratique est pour lui l'occasion de se rapprocher des siens et de resserrer les liens puissants qui le rattachent à un environnement familial proche exclusivement féminin. De se complaire dans cette fameuse « *intimité confortable* » qui lui est si chère. Sa mère Franziska, sa sœur Elisabeth et ses tantes Augusta et Rosalie (surtout la deuxième) sont alors, après de longs mois d'études, les soleils qui réchauffent son cœur refroidi par l'éloignement imposé par sa rude formation. Le temps des retrouvailles de fin d'année, elles atténuent aussi par leur présence, l'épaisse ombre portée par la disparition consécutive de son pasteur de père, Ludwig, et de son petit frère Joseph, mort juste après son deuxième anniversaire, soit seulement sept mois après leur géniteur[3].

---

1. Cf. Curt Paul Janz, *op. cit.*
2. Cf. *ibid.*, p. 45.
3. Cf. *ibid.*, p. 33-37.

Nietzsche ne manque jamais l'occasion, au cours de ses années de jeunesse notamment, d'exprimer ce qu'il ressent aux derniers jours de décembre et aux premières heures de janvier. Il exprime ses vœux dans des lettres, souvent longues et chaleureuses, dans lesquelles il livre ses sentiments de façon sincère et explicite. Il le fera de façon constante pendant la plus grande partie de sa vie avec les deux êtres qui lui sont le plus proches, sa mère et sa sœur. Mais aussi avec ses amis les plus fidèles, dont certains lui sont dévoués. Les innombrables lettres qu'il a écrites lors de cette période, presque tous les ans, dans la mesure où son état le lui permettait, sont un extraordinaire témoignage sur la vie intérieure du philosophe. Mais leur intérêt va bien au-delà. Elles nous permettent également de formuler et d'approfondir notre propre vécu personnel. De mettre des mots sur ce qui est en nous, sans que nous le sachions bien distinctement. Surtout à une époque comme la nôtre, où les cartes postales et les lettres, si prisées par les générations antérieures, ne nous parviennent plus que très rarement, et presque toujours avec étonnement, par manque de temps et, disons-le, en raison de l'appauvrissement considérable de la relation que les sujets humains, malgré l'explosion des moyens de communication, entretiennent les uns avec les autres. Ils reçoivent désormais moins nos pensées et nos doutes les plus profonds sur le sens de notre existence personnelle, que des clichés de vacances et des photographies de pizza ou de cocktail en guise de grimace ritualisée d'un bonheur vécu par la procuration du regard d'autrui. L'époque n'est pas seulement à l'impatience. Elle est atteinte d'une autre pathologie du moi, qui est la dépendance compulsive au regard de l'autre. La solitude est en crise, et c'est hélas vrai tout au long de l'année. Et que dire du silence et de l'immobilité ?

NIETZSCHE partage également avec ses contemporains de la même condition sociale petite-bourgeoise provinciale une pratique assidue de la musique et de la poésie, dont il fait naturellement usage lorsque la fin de l'année lui permet d'en faire bénéficier ses proches[1]. Aux mots de la langue, dont il a depuis son enfance le goût à l'évidence, s'ajoutent les notes de musique, pour lesquelles il manifeste un intérêt lui aussi précoce. Dans les deux cas, il lui faut écrire lui-même, et non pas simplement puiser dans les œuvres déjà existantes. Comme il l'écrira dans un ouvrage tardif de la maturité[2], « *la musique offre aux passions de jouir d'elles-mêmes* ». C'est donc naturellement vers elle qu'il se tourne, au fil des ans, pour formuler ses sentiments et ses vœux. Elle devient le support de ses états intérieurs, notamment à une époque où toutes les carrières lui semblent accessibles, y compris celle de musicien. L'avenir le démentira. Les philosophes s'en frottent encore les mains.

Ainsi Nietzsche écrit-il le 31 janvier 1866 à sa mère Franziska, qui, née le 2 février, est à l'avant-veille de son anniversaire, pour

1. Cf. la préface de Marc B. de Launay au volume *Nietzsche* dans la Pléiade, Gallimard, 2000, p. XX.
2. Cf. *Par-delà bien et mal*, § 106, in *OPC*, volume VII, traductions de Cornélius Heim, Isabelle Hildenbrand et Jean Gratien, Gallimard, p. 85.

lui adresser comme chaque année ses vœux d'anniversaire et ceux de la nouvelle année :

> *[...] je t'adresse aujourd'hui mon offrande musicale, laquelle te dira par voie sonore les sentiments que j'éprouve et les vœux que je forme de tout mon cœur. Cette fois-ci, je tiens pour plus digne, et certes pour toi plus agréable aussi, que tu reçoives une des productions de mon esprit. En ce sens, le* Kyrie *d'aujourd'hui est également une rareté, car voici déjà plus d'un an que je n'ai rien composé, et c'est seulement en vue de ton anniversaire que je me suis remis à cette activité presque abandonnée. Aussi veuille l'accueillir amicalement. Dimanche, je te l'expliquerai de façon précise et te le jouerai. On peut le supposer, le jour de ton anniversaire, le temps sera si beau et printanier que tu pourras sous des auspices joyeux et sereins inaugurer une nouvelle année.*

Le bonheur présent porte pourtant déjà en creux le pressentiment des craintes à venir, dont celle de voir les liens affectifs se distendre au fil du temps :

> *De cette année, ainsi donc, nous vivrons encore une bonne partie proches l'un de l'autre, mais, dans sa période finale, il se peut qu'à nouveau de grandes distances nous séparent. Et, à mesure ensuite que les années se succéderont, nos rencontres deviendront de plus en plus rares. La seule conclusion à en tirer est qu'il nous faut encore profiter du temps présent.*

Dans une lettre antérieure à Franziska et Elisabeth, il écrivait déjà, le 5 décembre 1861, à propos de son goût pour la musique, que l'horizon de la fin d'année porte à son comble :

> *Tu pouvais bien penser qu'après avoir si souvent modifié mes vœux, je pourrais prendre encore une autre décision, et c'est en fait ce qu'il se passe. Aussi bien je suis revenu à la musique, car réellement je ne puis imaginer pour moi des étrennes sans quelque partition.*

Janz fournit des précisions sur la manière dont Nietzsche traduit en musique les émois que chaque fin d'année ne manque pas de susciter en lui :

> *Il donna une fois, à la fin de l'année 1863, une expression musicale à ces sentiments, dans une vaste fantaisie pour piano et violon, intitulée* « Nuit de la Saint-Sylvestre » *; il la répéta avec son ami Krug, musicien lui*

aussi, pendant les vacances de Noël, c'est-à-dire au début de janvier 1864, profitant d'un jour où il pouvait disposer seul de la maison à Naumburg. Un an plus tard, en décembre 1864, il écrivit à ce sujet dans une lettre à sa mère et sa sœur : « Je me sentais vraiment bien à Gorenzen. [...] C'est cette même atmosphère que je retrouve lorsque je joue ma "*Nuit de la Saint-Sylvestre*" »[1].

C'est donc bien de ses propres passions dont il s'est agi dans l'expression musicale de ses sentiments de fin d'année. S'il est de bon ton de tenir pour médiocre sa production musicale, on peut au moins lui accorder le mérite de nous informer rétrospectivement sur l'intensité de son vécu pour la question qui nous préoccupe ici. Sur sa faculté de création et d'organisation aussi déjà, puisqu'une telle pratique suppose une énergie et une créativité que ne peuvent qu'envier les jeunes gens d'hier et d'aujourd'hui. Le choix du thème de la nuit et celui de la figure du saint qui est attachée à la dernière journée de l'année, celle qui constitue l'ultime et infime paroi qui sépare décembre de janvier, en disent également long sur ce qu'il veut mettre en avant.

Saint-Sylvestre donne son nom à un pape, à une lignée d'évêques et à un abbé célèbre. Il tire le sien de la forêt (*silva*), celle dans laquelle se perd et se retrouve à chaque fin d'année le jeune Nietzsche. Ce dernier y voit probablement l'occasion, après des mois passés au loin et au dehors (c'est l'autre sens du mot latin *silva*), de se rattacher à toutes les branches d'une famille qui lui fournit un réconfort inestimable dans la chaleur du foyer recomposé, le temps de quelques journées et soirées dont le souvenir le marque à chaque fois très profondément. Dans une lettre adressée depuis Bonn à ses tantes Friederike Daechsel et Rosalie Nietzsche, en décembre 1864, le jeune étudiant âgé de vingt ans seulement écrit encore, à l'heure où sa conscience du temps s'aiguise toujours davantage :

1. Cf. *ibid.*, p. 103.

> *C'est à quoi invite aussi, tout particulièrement, l'approche de Noël que jusqu'ici nous avions presque toujours passé ensemble et qui, en règle générale, attire de toute sa force vers le foyer les membres de la famille qui vivent au loin. Vous savez ce qui m'interdit cette fois de satisfaire à cet intime vœu et c'est pourquoi il ne vous déplaira point que je vous adresse en cadeau de Noël ma photographie, laquelle me représente tel que j'étais plus jeune d'une semaine, et je ne pense pas depuis lors avoir beaucoup changé.*

Un peu plus loin :

> *Passez ensemble de très bonnes fêtes et que votre nef, munie de voiles neuves, soit portée par des vents favorables, de l'ancienne année à la nouvelle ! Et, au cours de cette année, oui, nous nous reverrons !*

Les passions et les sentiments ont ceci de commun de plonger celui qui les éprouve dans une certaine confusion. Rien d'étonnant alors à ce que le désir si puissant de ces jours et des soirées de fête se mêle à la crainte d'avoir perdu le paradis de l'enfance, quand vient le temps sérieux des études universitaires. Nietzsche s'en ouvre dans cette lettre à Franziska et à Elisabeth de décembre 1864, depuis Bonn, où il est inscrit en théologie (avant de l'abandonner pour la philologie l'année suivante) :

> *Certes, l'atmosphère est très sympathique dans mon logis et de mon côté je compte bien passer cette soirée fort agréablement. Nous aussi, nous aurons à l'auberge un arbre illuminé et nous nous ferons mutuellement de petits cadeaux. Mais ce n'est assurément que la pâle copie des coutumes familiales ; il y manque justement l'essentiel, la famille, le cercle des proches.*

Sans « *l'intimité confortable* », Noël semble privé de sens et de valeur affective à ses yeux. L'expérience est d'autant plus rude que c'est la première fois qu'il la fait. Il la répétera douloureusement à de multiples reprises par la suite, sans que jamais ne s'efface l'image, reconstruite par le souvenir et amplifiée par le manque des siens, d'un foyer aimant et protecteur. Mais c'est la fête du Nouvel An qui va progressivement passer au premier plan pour lui. La préoccupation de la nouvelle année correspond davantage aux âges des premiers choix, ceux qui engagent, à la fin de l'adolescence, l'existence dans des voies qui sont encore aussi ouvertes qu'incertaines. Sans rien enlever à la magie de Noël, celle dont l'enfant s'est imprégné pour la totalité de sa vie et qui se réactive chaque dernière semaine de décembre comme un mystère délicieux et réparateur, c'est naturellement que Nietzsche se recentre sur ce qui le projette vers son futur. C'est un peu ce que tout le monde fait à cet âge de la vie, avant de ne plus jamais cesser de le faire par la suite.

Au fil des ans, le jeune homme s'est transformé en un étudiant aussi sérieux qu'ambitieux et travailleur. Confiant en son avenir intellectuel, il peut s'adresser dans les termes suivants à sa mère et à sa sœur, dans une lettre de décembre 1866 :

> *Je nous souhaite, à tous tant que nous sommes, d'avoir pour Noël des journées reposantes et* sans trouble, *mais quant à moi personnellement, je me souhaite loisir et goût et réussite dans mes travaux.*

Dans une lettre à Muschacke de janvier 1867, il laisse transparaître une sorte de conformisme résigné, qui est la marque d'une vie sociale en cours de profond remaniement et d'affirmation :

> *D'abord les souhaits habituels du Nouvel An, dont il convient de s'acquitter.*

Ce cercle familial comprend aux yeux de Nietzsche un personnage central, qui est peu connu de ses lecteurs, puisqu'il ne joue aucun rôle dans son œuvre à venir, mais qui est très intimement lié à la nouvelle année pour lui. Comme à sa mère Franziska, avec laquelle il conservera toujours un lien étroit, il ne manque jamais d'adresser à sa tante Rosalie, née un 13 janvier et morte le 3 janvier 1867 (!), ses vœux cumulés d'anniversaire et de nouvelle année. Ainsi, dans sa lettre de Pforta du 13 janvier 1860 :

Ma chère tante ! Comme j'aurais aimé être auprès de toi aujourd'hui pour ton anniversaire, afin de te présenter mes vœux ! Mais, l'infirmerie que je continue à honorer de ma présence, me l'interdit. Puisse le bon Dieu, cette année encore, t'assister toujours et te combler de bénédictions célestes et terrestres ! Qu'il te fasse la grâce de t'épargner maladie et autres accidents et t'accorde encore de longues années de vie !

À la même Rosalie, il écrira trois ans plus tard, le 12 janvier 1863 :

Mais à quoi bon tout énumérer de ce que notre jugement borné tient pour souhaitable ? Tout ce qui fait la joie de ton âme et l'ornement de ta vie est plutôt une bénédiction intérieure qu'un bien extérieur, caduc et périssable. Mais, ce que je souhaite pour toi, c'est qu'au bout d'un an tu ajoutes au nombre de celles qui se sont écoulées une autre année heureuse et réconfortante, et, qu'affermie dans ton cœur et ton courage, tu accueilles l'avenir comme un cadeau qui ne peut que t'apporter joie et pleine bénédiction. Porte-toi tout à fait bien et dans le bonheur, Fritz.

Et, de Bonn encore, le 11 janvier de l'année suivante :

Ma chère tante, Cette lettre, la première que j'écris en cet an neuf, doit t'apporter les vœux de bonheur que je forme en mon cœur et qu'assurément j'aimerais bien mieux te présenter de vive voix.

Freud a parlé de l'enfant de prédilection, celui sur lequel un parent projette ses désirs et ses attentes. Mais l'enfant a aussi ses adultes de prédilection, dans le couple que forment ses parents et au-delà. Pour Nietzsche, c'est la tante Rosalie. C'est vers elle que convergent les pensées les plus tendres qu'il n'a pas adressées à sa mère et à sa sœur. Pourquoi elle ? Rien ne nous permet de le dire. Mais une femme seule, âgée, sans doute tendre et affable, ne pouvait que susciter la compassion d'un jeune orphelin de père, endeuillé très tôt par la mort précoce de son petit frère et pour lequel le cercle familial constitue le rempart le plus sûr contre la solitude et la tristesse qui ne devaient pas manquer de l'envelopper souvent. On comprend qu'à cette tante bien-aimée, il ne pouvait que souhaiter son anniversaire et adresser ses vœux les plus chers pour la nouvelle année. Elle lui fournit l'occasion d'être celui qui exprime des sentiments nobles et affectueux, dont il devait à l'évidence regorger. Surtout à l'époque de sa jeunesse chrétienne, trop chrétienne.

QUAND NIETZSCHE a-t-il commencé à réfléchir sur la nouvelle année ? Et à la vivre, puis à la concevoir comme le nom d'une expérience particulière de l'existence ? Là encore, on ne le saura jamais, sinon en s'appuyant sur les traces les plus anciennes et les plus marquantes de sa vie et de sa pensée. En allant chercher à la source de son éducation et en suivant pas à pas l'évolution de son attitude, de ses gestes et de ses réactions liés au Nouvel An. En comprenant comment, indépendamment de Noël, elle est devenue l'objet d'une attention particulière. Avant de se muer en objet de réflexion philosophique.

Il est probable que le tout jeune Nietzsche a été, dès sa prime enfance, familier du beau poème d'Andreas Gryphius (1616-1664), ce poète du XVIIe siècle admiré de Goethe (1749-1828), qui est une des sources littéraires décisives de sa jeunesse. On avait coutume de le lire dans les chaumières allemandes[1]. Sous la plume de Gryphius, qui appelle à se concentrer sur le présent, comme le fera après lui le génie de Weimar, on peut lire : « *Ce qui est mien, c'est ce qui a fait l'année et l'éternité* »[2]. Nietzsche

1. Cf. Charles Andler, *Nietzsche, sa vie, sa pensée*, tome premier, chapitre « Goethe », Gallimard, p. 20-32.
2. Cité par Pierre Hadot dans *N'oublie pas de vivre. Goethe et la tradition des exercices spirituels*, Albin Michel, Bibliothèque des Idées, 2008, p. 60.

n'aura de cesse d'inscrire ses pas de pensée sur le même chemin qui conduit à faire de l'instant (*Augenblick*) la forme vécue la plus intense du temps, celle par laquelle l'expérience de la vie est non seulement la plus puissante, mais la plus personnelle et la plus singulière aussi. De Gryphius, peut-être, il aura retenu une leçon matinée de pratique chrétienne, lui qui ne manque jamais une occasion de se présenter comme une plante de presbytère[1] protestant et luthérien : ce que nous faisons de bon au cours d'une année et dont nous pouvons nous féliciter au moment de lui donner congé, demeurera pour celles qui lui succéderont, en nous laissant une satisfaction qui ne prendra jamais fin.

Mais le moment de la nouvelle année n'est pas fait que de bons sentiments. D'une part, il appelle un bilan, une évaluation de ce qui a été accompli. C'est la part acquise de la vie. Celle sur laquelle on peut et doit s'appuyer pour aller de l'avant. C'est cela la leçon de Gryphius : ce que j'ai fait de bien, ce que j'ai fait mien, c'est ce qui vaut pour l'année écoulée et pour les temps à venir. Rien ne l'effacera. Soit. Mais, que faire du reste ? Faut-il s'en accommoder ou s'en défaire ? Le vers du poète n'en dit rien. D'autre part, il y a ce qui arrive, ce vers quoi ouvre et engage l'année qui commence. Elle est précisément ce qu'il faudra s'approprier, faire sien, avec toutes les incertitudes et toutes les inconnues dont elle est encore grosse. Mais tout change dès lors que l'année nouvelle n'est plus abordée avec le secours de la foi dans le cadre strict donné par une éducation religieuse. Quand Noël et Pâques, surtout la seconde fête du reste pour les chrétiens, cessent d'être vécus comme les points culminants du calendrier. Lorsque ce dernier ne s'articule plus entre la Nativité et la Résurrection. Or, Nietzsche va progressivement et définitivement sortir de ce cadre qui lui est imposé depuis ses premières

1. Cf. *Écrits autobiographiques*, traduction de Marc Crépon, préface, notes et annexes de Yannick Souladié, Éditions Manucius, coll. « Le marteau parle », p. 45, 98 et 110.

heures de vie. Une telle rupture est sans doute préparée par une série d'expériences dont nous ne savons pas grand-chose. Pour Nietzsche, elle correspond à une forme de passage à la majorité intellectuelle, qui est le résultat d'un cheminement intérieur qui le conduit à donner à son existence un autre cours que celui qui lui était assigné par son milieu et par son époque. Il n'est pas le seul dans ce cas, bien sûr. Mais, comme tout ce qu'il fait, son revirement est aussi spectaculaire qu'irréversible.

Une première année de théologie le persuade en effet qu'il n'est pas fait pour devenir pasteur comme son père, ni même pour rester croyant comme tous les siens. Il refuse de communier à la Pâques de ses vingt et un ans, provoquant l'ire et la stupeur de sa mère. Quelque chose s'est rompu à l'intérieur de lui et entre eux. Il ne pourra plus jamais faire machine arrière. Il décide alors de se tourner vers la philologie. Elle l'occupera pendant quelques intenses années d'études et de formation passées du côté de Leipzig, entre 1865 et 1868, dans la droite ligne de la sévère discipline des six années passées à Pforta (latin et grec à très haute dose). Elle lui vaut très vite des succès d'estime, dont le principal aboutit, avec l'aide de son maître Ritschl, à une série de publications, puis à sa nomination comme professeur à Bâle à seulement vingt-quatre ans. On lui confie très vite un service d'enseignement partagé entre l'université et le lycée de la ville. Nietzsche, qui rêvait plutôt de voyager à Paris avec son ami Erwin Rohde et de s'ouvrir à tous les champs de la pensée, voit la philologie le contraindre à une sorte de mariage forcé. Celle qu'il voulait quitter pour la philosophie et qu'il regarde déjà avec un œil critique lui vaut une offre qu'il ne peut refuser.

Au même Rohde, il écrit de Leipzig, le 16 janvier 1869, pour lui dire combien il regrette de ne pouvoir exaucer un vœu qui lui est si cher :

[...] c'est un grand coup que j'ai reçu sur la tête, et nos communs projets parisiens s'envolent à tous les vents. Et avec eux mes plus beaux espoirs.

> *Vraiment j'avais voulu, une fois encore, avant d'être lié par les obligations d'un métier, j'avais souhaité de toute mon âme goûter le profond sérieux et le magique enchantement d'une existence nomade, et, une fois encore, en compagnie du plus fidèle, du plus compréhensif des amis, savourer l'indescriptible chance d'être spectateur et non acteur. Je nous voyais déjà tous deux, l'œil grave et le sourire aux lèvres, avancer au milieu de la foule parisienne, couple de flâneurs philosophes que l'on s'accoutumerait à voir partout ensemble, dans les musées et les bibliothèques, dans les Closeries des Lilas* (sic) *et à Notre-Dame, portant partout le sérieux de leur pensée et la tendre compréhension de leur mutuelle appartenance. Et qu'est-ce qui m'échoit en lieu et place d'un tel vagabondage, d'une telle amicale proximité ? Ah ! Toi qui es le plus cher des amis, je crois que le jeune marié éprouve des sentiments du même genre que les miens : jamais notre douce indépendance, nos idéales flâneries ne me parurent plus enviables qu'en ce moment.*

Jamais une autre occasion ne se représentera de réaliser ce souhait si profond de rejoindre Paris en nomade avec l'ami et l'égal *ès* philologie pour une virée de garçons en fleurs. Nietzsche n'y mettra pas les pieds. Il n'aura que ses yeux pour pleurer, lorsque les Communards menaceront de brûler le Louvre[1].

Un vœu non exaucé n'est pourtant pas nécessairement un malheur. Il y a des ratés qui ouvrent des possibles insoupçonnés. Et des regrets qu'on remplace par des aventures nouvelles. Comme il y a des choses qu'on voulait à tout prix faire et qui, une fois faites, nous laissent le goût de l'inachevé ou celui du temps perdu. En attendant de voir peut-être un jour Paris (il n'ira jamais plus à l'ouest d'une ligne Metz-Nice sur le territoire français !), ce mois de janvier 1869 lui offre, comme il l'écrit dans la même lettre à Rohde, « *un conte de fées* ». Il est « *suffoqué de bonheur, passant tout l'après-midi à marcher en chantant des mélodies de Tannhäuser,* [lorsque] *Ritschl [l]e convoque* » pour lui annoncer sa très probable nomination à l'université de Bâle, avec un complément de service au *Pädagogium* de la ville. Ce

1. Cf. C.P. Janz, *op. cit.*, p. 329-344.

dernier, qui correspond à notre lycée, lui coûtera un peu plus chaque année et finira par l'épuiser complètement, lorsque ses forces auront commencé de décliner et que les premiers stigmates de la maladie auront porté leurs funestes assauts. Mais l'heure est à la fête et ce mois de janvier 1869 (il a tout juste vingt-quatre ans !) lui apporte une première joie immense qui dépasse toutes ses espérances : devenir professeur *extraordinaire* à l'université. Il le restera à peine une décennie, vivant année après année une sorte de lente descente aux enfers, avant de traverser *in fine* la pire période de toute sa vie. Sa manière de passer d'une année à l'autre oscillera par la suite entre le meilleur et le pire, entre l'accélération positive, qui donne le vertige délicieux d'une vie accordée à ses propres désirs et les dépassant même, et la décélération négative, qui conduit à désespérer de soi et de la vie sous les effets conjugués de la maladie et de l'isolement.

L'EXPÉRIENCE PERSONNELLE de Nietzsche peut éclairer tout individu sur lui-même, dans la mesure où chacun est amené, qu'il le veuille ou non, qu'il le reconnaisse ou pas, à éprouver un jour quelque chose de cette dualité que le passage des ans impose à toute existence. Cette chronique n'a jamais été faite. Son intérêt dépasse largement le cadre des études nietzschéennes et les seules limites de la philosophie académique. Son intérêt est de donner à parcourir les étapes de la vie d'un philosophe dont le nom est associé à des expériences de pensée extrêmes, mais qui, comme tous les autres hommes, a connu des phases très différentes, est passé par des états opposés et a été conduit à des impasses ou au contraire à des réussites, sans que l'année inédite qui s'ouvre à chaque fois soit plus prévisible pour lui que pour quiconque. Autrement, personne ne ferait des vœux, ni ne prendrait de résolutions. On peut attendre de ces pages non une édification morale, mais la considération intellectuelle de ce que vivre à un rythme annuel signifie pour chacun de nous.

À peine deux mois plus tôt, le 8 novembre 1868, Nietzsche a fait la rencontre la plus forte de son existence, qui lui ouvre une vie nouvelle. Sans doute ne pouvait-il rêver, même dans ses songes les plus fous et les plus ambitieux, de recevoir avant l'heure un tel cadeau de Noël. Dans le salon de la maison qui jouxte la librairie du professeur Brockhaus, on lui a présenté le musicien et compositeur Richard Wagner. À sa demande, qui plus est ! Ce dernier a en effet souhaité rencontrer ce jeune homme qui connaît sa musique et qui, non seulement l'apprécie en expert, mais la vante auprès de ses connaissances, comme la femme de son cher professeur Ritschl, qui fréquente le couple Brockhaus, dont l'épouse n'est autre que la sœur de l'artiste flamboyant. Quand la conversation entre les deux hommes s'engage, le courant passe immédiatement. Wagner est séduit par ce jeune philologue qui lui semble planer au-dessus de la mêlée des « *valets-philosophes* », dont aucun n'atteint la cheville de son idole philosophique Schopenhauer (découverte par le jeune philologue trois ans plus tôt, elle aussi dans une librairie – à travers *Le Monde comme volonté et comme représentation,* mais non pas en chair et en os cette fois, puisque son auteur est mort en 1860). Nietzsche est envoûté par le premier artiste de génie qu'il lui est donné de fréquenter *in vivo.* Sa personnalité le bouleverse jusque dans les profondeurs de ses propres aspirations à la création artistique[1]. À Rohde, il fait part de son enthousiasme, le 9 décembre 1868 :

> *Wagner, tel que je le connais par sa musique, ses poèmes, son esthétique, et non pour le moins, par les instants passés en sa compagnie, est l'illustration parfaite de ce que Schopenhauer appelle un génie : la ressemblance, dans ses moindres détails, saute aux yeux.*

Les deux hommes, qui se sont séduits mutuellement par leur talent et leur verve respectifs, décident de se revoir dès que leurs agendas le leur permettront.

Peu de temps après, en avril 1869, Nietzsche est dessaisi de sa qualité de sujet prussien, afin d'enseigner à Bâle. Mais ne séjournant pas dans le pays de façon ininterrompue pendant les huit années consécutives qu'exige le code suisse de la nationalité, il

1. Pour le récit de cette rencontre et son impact sur Nietzsche, voir les belles pages de C.P. Janz. Cf. *op. cit.*, p. 216-220.

ne peut briguer la nationalité helvétique et demeurera par conséquent apatride. Il circulera pendant le restant de ses jours avec un passeport provisoire vite périmé[1]. C'en est fini de sa jeunesse estudiantine quand le 19 avril, à quatorze heures, il met le pied sur le quai de la gare de Bâle et s'installe au n° 2 du *Spalentorweg*, avant d'intégrer une maison plus cossue située au *Schützengraben*, n° 45. Après avoir prononcé sa leçon inaugurale intitulée « *Homère et la philologie classique* », Nietzsche prend naturellement, et de sa propre initiative, le chemin de Tribschen, où il se présente à la maison des Wagner sans disposer d'aucune invitation, ni s'être fait annoncer. Il s'y rend à nouveau en juin, puis y retourne en août à quatre reprises pour de longs week-ends. À la fin de l'été, il fait part de sa fascination à Rohde, dans une lettre datée du 3 septembre :

> *D'ailleurs, j'ai moi aussi mon Italie, tout comme toi ; sauf que je ne puis, moi, m'y réfugier que les samedis et les dimanches. Cela s'appelle Tribschen, et je m'y sens déjà tout à fait chez moi. Je m'y suis rendu, ces derniers temps, quatre fois de rang, et il ne se passe guère de semaine sans qu'une lettre ne suive le même chemin.*

Il ajoute :

> *Très cher ami, Ce que j'apprends et ce que je vois, ce que j'entends et ce que je comprends là-bas, défie toute description. Schopenhauer et Goethe, Eschyle et Pindare sont encore bien vivants, tu peux m'en croire.*

Mais les tâches d'enseignement sont lourdes pour le jeune professeur qui, outre ses charges de cours à l'université et au lycée, prépare une série de conférences sur « *Le Drame musical grec* » et sur « *Socrate et la tragédie* », auxquelles s'ajoutent diverses publications philologiques. L'année sera aussi dense en émotions que riche en travaux de toutes sortes.

---

1. Cf. Paolo d'Iorio, *Le Voyage de Nietzsche à Sorrente*, chapitre premier, « En voyage vers le sud », CNRS éditions p. 25-26.

DANS SA VIE NOUVELLE, qui le pousse malgré lui à une forme de solitude et d'ascétisme, Nietzsche n'a que peu de temps à consacrer à ses relations sociales et amicales. Comme le note Janz,

> *il ne se rendit, de tout l'hiver, que trois fois à Tribschen : les 13 et 14 novembre (on ne trouve aucune preuve à l'appui d'une visite « fin octobre », qu'admet Thierbach), les 12 et 13 février et, surtout, du 24 décembre 1869 au 2 janvier 1870 : Nietzsche passa en effet toutes les fêtes de fin d'année à Tribschen, au titre autoproclamé de « Père Noël » des Wagner*[1].

À la fin de cette année 1869, aussi enthousiasmante qu'éprouvante, Nietzsche a donc choisi de modifier l'une de ses plus anciennes habitudes, qui consistait à passer les fêtes de Noël et du Nouvel An auprès des siens, dans la maison de Naumburg. Il a tenu à être auprès de celui qu'il considère comme un maître et un ami. Cet éloignement des siens n'a rien d'une fuite. Il consolide un lien nouveau avec des êtres qu'il admire et auxquels il demeurera toujours, malgré les ruptures et les incompréhensions qui ne manqueront pas, éternellement lié. L'heure est à l'enthousiasme et à la joie immense. Personne ne songerait évidemment à lui reprocher quoi que ce soit dans sa famille. À Franziska et à

1. Cf. *op. cit.*, p. 309.

Elisabeth, le 20 décembre 1869, de Bâle, il écrit plein d'ardeur et de fierté :

> *Pour mon compte, je pars vendredi matin, début de mes vacances, pour Tribschen où, selon la formule de Richard, on m'attend* « avec jubilation ». *On a même remis à neuf une pièce pour moi avec bibliothèque, etc., rebaptisée* « salle à penser » *[...]. À partir de vendredi, mon adresse est* : « Domaine de Tribschen », par Lucerne (Suisse).

Un peu plus tard, de retour de chez les Wagner, qui lui ont ouvert leur maison et leur cœur, et du même coup offert ce foyer qui a toujours servi de vecteur à la recherche de « *l'intimité confortable* » nécessaire à son équilibre affectif et émotionnel, il rend compte de son voyage à son ami Erwin Rohde, dans une lettre étrangement datée de fin janvier et du 15 février 1870 :

> *Mon véritable refuge, et je ne saurais trop l'apprécier, reste ici Tribschen près de Lucerne, encore que je ne puisse m'y rendre que trop rarement. J'y ai passé mes vacances de Noël – très beau et très sublime souvenir !*

Ces moments de joie et d'harmonie sont parmi les plus forts et sans doute les plus mémorables entre le jeune et brillant philologue à l'avenir si prometteur et le couple solaire formé par un compositeur majeur du moment et la fille d'un des plus grands noms de la musique allemande en la personne de Franz Liszt. Le couple vit douillettement installé dans une demeure pour le moins étonnante. Comme le fait remarquer Janz[1], la seule location de la maison du couple Wagner, où les mises en scène et les costumes sont de rigueur, coûte à l'année la totalité du salaire, tout sauf modeste pour l'époque, que reçoit leur hôte régulier, soit 3 000 francs suisses. Cosima Wagner n'hésite pas à mettre à contribution le jeune obligé de son mari, pourtant très occupé, afin de trouver le matériel nécessaire à la petite scène de Noël qu'elle a entrepris de faire jouer aux enfants de la maison. Elle lui lit le jour de Noël le brouillon de *Parsifal*, qu'il

1. Cf. *op. cit.*, p. 266.

ne commente pas. Elle note dans son journal : « *À nouveau, terrible impression* ». Le bonheur n'exclut pas les changements d'humeur, apparemment.

Honoré, mais privé du commerce de ses amis d'enfance et d'adolescence, Nietzsche ne peut s'empêcher de ressentir une certaine solitude, à laquelle ses hôtes ne sont pas insensibles. La familiarité et la proximité qui permettent de s'ouvrir simplement à ses amis ne lui sont pas permises. Ses nouvelles relations sont trop récentes et sans doute trop intimidantes aussi. Il est sur la retenue et ne peut se livrer, comme la période s'y prête, sur ses sentiments les plus profonds et sur ses aspirations individuelles. Il se tourne donc vers un ami à qui il peut s'ouvrir de sa situation intérieure. Dans la même lettre de fin janvier à Rohde, il écrit :

> *Tu me manques incroyablement : viens donc m'apporter le réconfort de ta présence, et fais en sorte qu'elle ne soit pas trop brève. J'éprouve en effet pour la première fois ce que c'est de n'avoir absolument personne à ses côtés, personne à qui s'ouvrir du meilleur et du pire. [...] Dans une telle solitude, à vivre si jeune des années si lourdes à porter, mon amitié prend un tour véritablement pathologique, et c'est un malade qui te supplie :* « Viens à Bâle ! » *[...] Mais ce qui m'est le plus pénible, c'est cette obligation de devoir toujours représenter, comme professeur, comme philologue, comme être humain.*

Chez les Wagner, Nietzsche est les trois à la fois. Un personnage à trois faces, dont la troisième ne peut jamais réellement se montrer. Il est conscient de jouer une comédie à laquelle il se prête volontiers, mais qui ne le satisfait pas pleinement. Au-delà de l'excès de travail qui s'abat sur lui et l'empêche de venir fêter l'anniversaire du Maître le 22 mai 1870, c'est sans doute ce qui explique sa tendance dans les mois qui suivent à accentuer sa correspondance avec le couple et à espacer ses visites. On ne ressent pas tant d'émotions à la fois sans éprouver le besoin d'y voir à nouveau un peu plus clair en soi-même. Même quand on s'appelle Friedrich Nietzsche et qu'on atteint sa trente-cinquième année. Surtout quand l'année prend fin et qu'on a besoin de savoir où l'on en est de son existence, de se tourner vers l'avenir avec confiance et détermination, comme l'exige la nouvelle année de chaque individu.

Nul n'est maître du temps, ni de la façon dont les ans se succèdent. Quand l'Histoire s'emballe, elle soumet à ses seules exigences tous les agendas privés. L'année 1870 est marquée par un événement qui vient la briser en deux, en plein mois de juillet. Elle prend au dépourvu le jeune professeur et tous ceux qui l'entourent. Nietzsche ne partage pas les vues pro-allemandes de Tribschen. Il songe à s'engager comme soldat ou comme infirmier. Cosima cherche bien à l'en dissuader, l'incitant à demeurer sur le terrain du savant plutôt que de s'improviser soldat bismarckien. Malgré son attachement à l'université de Bâle et en raison de son récent statut d'apatride, il sera infirmier. Il ne vivra toutefois qu'une semaine de combats, entre le 27 août et le 2 septembre 1870, avant d'être hospitalisé pour cause de dysenterie et de diphtérie pharyngale. À la même période, le couple Wagner s'unit et baptise le petit Siegfried. Schopenhauer reste une figure de ralliement, mais entre les deux hommes une première distance, encore imperceptible ou presque, est en train de s'installer. Convalescent, puis de retour à ses affaires philologiques, Nietzsche semble bouleversé par les événements qu'il a vécus. Il écrit le 20 octobre dans une lettre de Naumburg adressée au conseiller Vischer :

> *J'ai été trop rudement choqué, je souffre encore maintenant de fréquents troubles nerveux et de soudaines faiblesses qui m'interdisent tout écart.*

Et, à Gersdorff, le 20 du même mois :

> *Ah mon cher ami, quels vœux ne dois-je t'adresser ! Nous savons tous deux à quoi nous en tenir sur l'existence. Mais nous* devons *vivre, et non* pour nous.

Transformé sans mesurer jusqu'à quel point encore, comme le sont tous ceux qui reviennent d'une guerre (n'est-ce pas cela aussi qu'éprouve Ulysse en peinant à revenir de Troie ?), il reprend pourtant la route de Tribschen, à la fin du mois de novembre. Là-bas, les discussions tournent désormais moins autour des Grecs et de Schopenhauer, que de la guerre et des déboires médicaux de Nietzsche. Pour le centenaire de la naissance de Beethoven, Wagner s'est fendu d'un ouvrage que Nietzsche s'empresse de lire et de commenter sur la base du manuscrit que lui a adressé le Maître. Quant à la fin de l'année, Janz la résume en ces termes :

> *Les fêtes de Noël 1870 furent un grand moment dans la vie de Nietzsche. Il avait été à nouveau invité à Tribschen et, à nouveau, s'y rendit avec le plus grand plaisir. Il y demeura du 24 décembre 1870 au 1er janvier 1871.*

Cosima Liszt, devenue Mme Wagner, alias Ariane aux yeux d'un Nietzsche charmé, fête son trente-troisième anniversaire. Son compositeur de mari lui offre une « *Idylle de Tribschen* » entrée dans l'histoire de la musique sous le titre de *Siegfried-Idyll.* Wagner la fait jouer chez eux par un orchestre de quinze musiciens ! De son côté, Nietzsche lui offre le manuscrit de ce qui deviendra *La Naissance de la tragédie.* Il répond à la commande de Wagner en lui offrant la gravure de Dürer, *Le Chevalier, la Mort et le Diable*, et il reçoit en échange une belle édition de Montaigne, qui lui fait extrêmement plaisir, ainsi qu'un exemplaire du manuscrit du *Beethoven* et la réduction pour piano du premier acte de *Siegfried.* Autant dire qu'il est comblé ; il jubile même. Il est si enthousiaste que, sur la route du retour, le premier jour de l'année 1871, alors qu'il enseigne la philologie depuis moins de deux ans, il se prend à souhaiter à haute voix briguer la chaire de philosophie de l'université de Bâle. Ce vœu restera non exaucé, comme celui d'une propriété où se retirer à la campagne, qui revient souvent dans sa correspondance de la même période. À sa mère Franziska et à sa sœur Elisabeth, Nietzsche écrit

> *de Tribschen en l'an de disgrâce 1870, 30 décembre* : *Mes chères mère et sœur, Pour le changement d'année, recevez mes vœux, lesquels cette fois-ci sont particulièrement vifs, car nous avons tous la crainte secrète et avouée d'aller vers des temps pires encore que celui-ci. Les répercussions de la guerre sont plus à redouter que la guerre elle-même, malgré ses immenses dégâts [...]. Le Jour de l'an, je retourne à Bâle. Il reste encore une longue moitié du semestre d'hiver. [...] Saluez tous ceux et toutes celles qui me veulent du bien et qu'il vous plaise encore en cette année nouvelle de songer à votre F.*

Un peu plus tôt, le 17 décembre, alors qu'il était encore à Bâle, Nietzsche avait écrit à ses proches ces quelques mots, qui en disent long sur la lourdeur du climat à la fois général et personnel de l'année qui venait de s'écouler et sur son souhait de passer le plus vite possible à la suivante, en espérant qu'elle prenne un tout autre tour :

> *Cette année n'a guère été bénéfique. Soyons heureux qu'elle s'achève sans nous avoir* engloutis.

Toutes les années qui commencent ne se valent pas. Il y a des années où l'échange des vœux se réduit à un devoir auquel il faut, sans enthousiasme, se soumettre. Ce n'est pas la manière idéale de commencer l'année. Mais c'est parfois la seule qui vaille. On se dit alors que, peut-être, l'année qui s'ouvre démentira, chemin faisant, son entame un peu grise. Et, comme le fait Nietzsche, on se rassure en pensant qu'on peut au moins se réjouir que celle qui s'achève ne nous a pas totalement annihilés, ni fait renoncer à vivre. On peut alors prendre congé d'elle avec la satisfaction, certes maigre mais qui a au moins le mérite d'exister, de ne pas avoir sombré face à un péril qui aurait pu avoir raison de notre vie et de notre goût de la poursuivre, et en dépit des circonstances fâcheuses dans lesquelles on l'a menée au cours de la période qui prend fin.

À son maître Ritschl, le 30 décembre 1870, depuis Tribschen, il livre sobrement ses espoirs et ses craintes pour l'année à venir, toujours manifestement inquiet d'une séquence historique qui n'a pas encore produit tous ses effets :

> *Très vénéré monsieur le conseiller privé, Je souhaite moi aussi vous dire, en ce changement d'année, que je ne songe jamais à vous sans la plus profonde gratitude et ne saurais plus me réjouir que de vous savoir toujours robuste, et bien disposé à mon égard. Puisse la nouvelle année répondre pour nous tous de façon acceptable et tolérable aux multiples interrogations que nous impose le présent, et puisse surtout le déploiement étatique de puissance allemande ne pas exiger en échange de* trop graves *sacrifices dans le domaine de la culture ! [...] En terminant, je vous redis tous mes vœux de prospérité.*

On est à mille lieux ici des vœux ordinaires qu'échangent les hommes entre eux en matière de santé, de réussite individuelle ou de prospérité matérielle. C'est l'Histoire que Nietzsche interroge cette année-là. Il ne le fait pas en termes bassement politiciens. C'est le rapport entre l'État et la culture qui le préoccupe. Comme on peut le faire aujourd'hui encore à la veille d'une échéance électorale ou à propos d'un événement qui plonge les hommes dans l'effroi, en les poussant à se demander quelles en seront les conséquences pour l'évolution sociale, culturelle et intellectuelle de leur temps.

Ces fêtes de fin d'année furent les dernières à Tribschen pour Nietzsche. Son dernier Noël et son dernier Jour de l'an auprès de ceux qui, bien qu'ils semblent à ses yeux appartenir à un « *autre monde* », n'en sont pas moins les plus proches sinon de lui, du moins de ce qu'il souhaite devenir : une sorte de patricien de la culture. Entre avril 1871 et avril 1872, Nietzsche se rendra encore à neuf reprises à Tribschen. À chaque fois pour quelques jours tout au plus, en général en fin de semaine. Au-delà de cette limite, après l'immense malentendu que représenteront pour Nietzsche le sacre de Wagner à Bayreuth et le tournant chrétien pris selon lui par sa musique, les rencontres s'espaceront, puis cesseront. La dernière en date aura lieu en Italie, sous le soleil de Sorrente, en 1876. On peut supposer que c'est là que Wagner lui avouera ce que Nietzsche dénoncera, dans une lettre à Mawylda von Meysenburg écrite au cours des jours qui suivront la mort de Wagner à Venise, au palais Vendramin, au mois de février 1883, comme

> *son lent retour rampant au christianisme et à l'Église*[1].

1. À propos de cette hypothèse et de cette lettre, qui s'y trouve citée, voir le livre de Paolo D'Iorio, *Le Voyage de Nietzsche à Sorrente*, CNRS éditions, 2012, p. 58-59.

Deux ans plus tard, lorsque Wagner l'invite à passer les fêtes de Noël 1872 en sa compagnie à Bayreuth, Nietzsche se dérobe comme l'année précédente, en prétextant une charge de travail excessive. Janz écrit à ce sujet[1] :

> *Il se rendit à Naumburg, sans même faire un détour par Bayreuth. Son dernier Noël en famille remontant à 1868, il ne pouvait guère invoquer une obligation traditionnelle ; en outre, la piété et le recueillement dans lesquels ces fêtes devaient se dérouler dans la maison pastorale n'étaient pas particulièrement du goût de Nietzsche. Néanmoins, ce retour à Naumburg correspondait à un profond besoin intérieur, il était symptomatique. Ce ne devait pas être la dernière fois que, dans une telle situation, ayant perdu tous ses appuis et ses repères, il se réfugiait ainsi dans son dernier « bastion » encore fiable et solide, celui de l'indestructible amour maternel.*

Et, pourrions-nous ajouter, de « *l'intimité confortable* »[2] dont Tribschen ne fut qu'un ersatz provisoire et, en dépit du plaisir qu'il lui a octroyé, illusoire.

En décembre 1871, Nietzsche ne se rend pas non plus à Tribschen. Il ne rejoint pas davantage le cercle familial, comme il l'avait toujours fait jusque-là, à la double exception des fêtes

1. Cf. *op. cit.*, p. 453.
2. Cf. *infra*, p. 38.

de l'année 1864-65 passées à Bonn avec ses condisciples de l'université de Bonn de l'association universitaire Franconia[1] et des deux Noël et Jours de l'an qu'il vient de passer avec les Wagner dans leur antre du lac des Quatre-Cantons, en 1869-1870 et en 1870-1871. Il prie bien encore sa sœur de ne pas oublier d'écrire à Cosima Wagner, à laquelle il demeurera très attaché jusqu'à la fin de sa vie, pour son anniversaire, le 25 décembre. Mais, de son côté, il ne fait cette année-là aucune visite, ni présent au Maître de Tribschen, qui est en passe de devenir le grand prêtre de Bayreuth. Tout au plus se contente-t-il d'écrire à son éditeur Ernest-Wilhem Fritzsch, depuis Bâle, le jour de Noël 1871 :

> *Très cher monsieur, Faisons donc en sorte de pouvoir procurer à Tribschen une vraie joie de Nouvel An. C'est aujourd'hui que doit partir aussi de Berlin un nouveau bois pour la vignette.*

Il parle de son premier ouvrage, dont il espère qu'il impressionnera celui auquel certaines thèses sont explicitement reliées. Il souhaite être présent, mais à sa manière. Non pas physiquement, mais de façon pourtant bien concrète, à travers l'envoi de sa toute première œuvre philosophique, dont il sait à quel point elle est imprégnée des questionnements qui sont ceux de son destinataire. L'ouvrage est d'ailleurs dédié à Richard Wagner et salue le « *sérieux de l'existence* » de celui qui le lui a inspiré.

Au réveillon de la Saint-Sylvestre 1871, il est invité chez les Vischer. Il se tient à mille lieues des émotions et des parades wagnériennes de fin d'année. Sa tête est ailleurs. Il s'en ouvre à sa mère et à sa sœur dans sa lettre du 27 décembre 1871 :

> *Nous voici donc au terme de l'année. J'y songe de façon paisible et c'est avec gratitude que je me sépare de cette année. Il faut encore que vous sentiez combien pour moi, en un certain sens, elle fait époque. Mon livre paraît d'un jour à l'autre ; c'est avec lui que j'inaugure l'an neuf et, désormais, l'on saura ce que je veux, vers quoi je tends de toutes mes forces ; mon activité commence. Belles furent les heures qui virent naître ce livre ;*

1. Cf. C.P. Janz, *op. cit.*, chapitre VI, « Le "Franconien" de Bonn », p. 114-142.

> *bonne fut cette année, malgré son inquiétant début. Ma santé s'est vite rétablie [...]. À tous ceux qui sont bien disposés à mon égard – et qui le serait mieux que vous ? – je dis merci de grand cœur, en cette fin d'année, et je nous souhaite, à vous comme à moi-même, une bonne et heureuse année, avec l'ancienne vigueur, avec l'ancienne affection, ma mère chérie, ma chère sœur ! Votre Fritz.*

Ce livre est une promesse pour lui. Celle d'un avenir intellectuel à la mesure de son talent et de son ambition, qui sont à la veille d'éclater au grand jour. Sous le regard de son « *maître vénéré* », en qui il voit son lecteur le plus cher. Comme il le dit dans sa lettre, c'est pour lui un commencement. Il est à l'orée d'une vie nouvelle. L'événement que représente à ses yeux cette publication est inséparable des efforts qu'elle lui a coûtés, sans l'empêcher de recouvrer la santé après le bref mais difficile épisode de guerre qu'il a vécu. Bien au contraire. Il se met à espérer le retour de sa vigueur d'antan. Il ose encore croire en l'affection intacte des siens, malgré son choix répété de passer les fêtes avec d'autres personnes que ceux qui forment son socle familial depuis toujours. Si une pointe de culpabilité n'est pas exclue, elle est tout de même contrebalancée par un sentiment de profonde gratitude à l'égard du cours qu'a pris sa vie. *La Naissance de la tragédie*, c'est aussi un peu la sienne en tant qu'écrivain et penseur. L'année nouvelle s'ouvre sous de favorables auspices.

À Gustav Krug, son ami d'enfance avec lequel il forma un temps un trio avec Wilhem Pinder, qui aboutit à la formation d'une éphémère société de contributeurs intellectuels baptisée « *Germania* »[1] dont Nietzsche fut le principal animateur, il s'adresse le 31 décembre 1871 dans des termes dont il moque lui-même la trivialité confondante, sans pouvoir la réprimer tout à fait :

> *Raille tant que tu voudras mes affreux conseils et souhaits ; ce que je te conseille et te souhaite, c'est un peu* plus de bonheur – *même en musique, et tels seront mes vœux de Nouvel An ! Hélas, nous savons bien tous deux,*

1. *Ibid.*, p. 73.

> *mon cher ami, comme il est sot de faire un tel vœu ; la paisible bénédiction de ce bonheur intérieur, source de l'art, n'est pas en notre pouvoir, ne naît point de nos souhaits – c'est à l'improviste que ça et là elle tombe sur nous du ciel ! Puisses-tu, en cette année nouvelle, souvent bénéficier d'un tel* « çà et là » *!*

Mais c'est vers celui qu'il continue de nommer et de considérer comme son « *maître le plus vénéré* » (!), que ses pensées de début d'année sont tournées. Le 2 janvier 1872, il écrit à Wagner :

> *Puisse du moins mon livre répondre dans une certaine mesure à l'attention sympathique que pour ma vraie confusion vous avez manifestée jusqu'ici à sa genèse. […] Ce sera une chance pour moi, maître le plus vénéré, que vous vouliez bien agréer ce livre, au début de l'an neuf, comme un bon et amical symbole. D'ici peu, vous recevrez, madame votre épouse et vous-même, des exemplaires reliés. Avec mes vœux de prospérité pour vous et les vôtres, et ma chaude gratitude, pour votre affection, je suis, comme je le fus et le serai, Votre féal Friedrich Nietzsche.*

Dépassant toutes ses attentes, comme une année peut apporter tout le bien qu'on n'a pas osé espérer d'elle à haute voix, la réponse de Wagner à cet envoi est évoquée par Nietzsche dans une lettre à Carl von Gersdorff du 10 janvier :

> *Je te rapporte aujourd'hui très brièvement ce qui me fait le plus plaisir : l'impression produite par mon livre à Tribschen. Wagner m'écrit* : « Je n'ai encore rien lu de plus beau que votre livre ! Tout est magnifique ! Pour l'instant, je vous écris rapidement, car la lecture m'excite au-delà de toute mesure et il faut que je reprenne d'abord mes esprits pour le lire convenablement ». *À quoi il ajoute quelque chose de si émouvant que je ne puis le recopier. Voilà, n'est-il vrai, qui va bien te réjouir ! Écris-moi, s'il te plaît, l'adresse exacte de madame Von Schleinitz et quelle formule il faudrait employer pour s'adresser à elle dans une lettre. (Ces jours-ci, à la demande de W., j'écris une longue lettre au roi de Bavière ; il faut que chacun de nous voie de quelle façon il rend le plus de services à la grande entreprise de Bayreuth.) Pour ma part, je ne vais pas bien ; je dois prendre médecine, rester à la diète, etc. On vit tant d'expériences ! Chaque jour apporte avec lui de l'insolite ! Avec mes sentiments les plus fidèles, ton vieil ami, F. N.*

Le 16 janvier, c'est Wagner en personne qui le dissuade d'écrire au roi pour éviter l'absurdité du « *style de cour* ». Il l'enjoint de s'adresser plutôt au secrétaire de Louis II de Bavière, Düfflipp, qui lui renvoie le 7 février les remerciements du souverain. Au même Wagner, il redit sans détour sa disponibilité intacte et sa loyauté indéfectible dans un courrier du 24 janvier 1872 :

> *Il semble que ce soit à présent le moment où l'arc est enfin tendu – après être resté si longtemps pendu, la corde molle. [...] Mon existence actuelle est pour moi comme un reproche vivant, et je vous demande de me dire franchement si je puis vous être utile à quelque chose. En dehors de cette question, je ne vois rien d'autre à vous communiquer – mais beaucoup, beaucoup à souhaiter, à espérer, mon vénéré maître.*

Mais déjà pointent les premiers signes d'inquiétude et de mal-être, auxquels ne sont pas étrangers sans doute ses charges d'enseignement, le surmenage provoqué par le bouclage de son premier livre et ses craintes liées au retour périodique des mêmes états maladifs – en dépit de sa satisfaction de jouir de l'estime des deux êtres qui comptent alors le plus pour lui en dehors de ses proches, Richard et Cosima. À sa mère et à sa sœur, il écrit le 24 janvier 1872 :

> *Le Nouvel An a été pour moi l'occasion de tant de tracas et de diverses sortes d'activités qu'il me faut aujourd'hui, pour ne pas perdre le fil, établir un inventaire en forme [...]. Dans les premières semaines de cette nouvelle année, j'ai été affecté à un point surprenant, et j'ai craint un retour de mon état de l'an dernier. [...] pour cette prochaine conférence, Richard Wagner vient avec sa femme à Bâle. Ces derniers jours, je suis retourné une fois à Tribschen. Vous seriez stupéfaites de savoir de quelle façon amicale on me traite là-bas et de quelle estime je jouis.*

Après avoir passé la soirée du Nouvel An chez les Vischer, il rend tout de même visite au couple Wagner à Tribschen, autour du 20 janvier. Cosima est ravie. C'est sans doute déjà beaucoup à ses yeux. Assez pour commencer l'année avec ardeur et retourner vers ses multiples tâches d'enseignement et d'écriture, sans être encore miné par le désespoir.

L'ANNÉE SUIVANTE, Nietzsche ne peut à nouveau pas honorer l'invitation des Wagner à Tribschen. Il reprendra pour trois années consécutives le chemin de la maison d'enfance et d'adolescence, à Naumburg. Sans doute avait-il besoin de s'y ressourcer, en suspendant le tour mondain qu'il avait donné à sa façon de passer les fêtes depuis sa nomination à l'université. De se retrouver au milieu des siens pour poser quelques jours au moins son masque social. Cela ne l'empêche pas de prendre prétexte de la nouvelle année pour faire s'abattre sa foudre sarcastique sur deux profanateurs du temple wagnérien.

En janvier 1873, il publie dans une revue musicale de Leipzig[1] un « *mot pour le Nouvel An* ». En quelques lignes agressives, il s'en prend avec une ironie féroce au duo improbable formé par Dove et Puschmann, deux critiques atteints selon lui de la même surdité au génie de Wagner et de la même arrogance stérile à l'égard de son œuvre, dont le charme n'a pas encore cessé de s'exercer sur lui. Son texte, vif, tranchant, acerbe, qui tient plus du service commandé que de l'intervention originale, est aux antipodes de

1. Cf. « Un mot de Nouvel An au rédacteur de l'hebdomadaire *In neuen Reich* », repris dans le volume *Nietzsche*, Paris, 2000, Gallimard, Pléiade, p. 323-327. Ce texte a été publié par Nietzsche dans le *Musikalisches Wochenblatt* (revue pour musiciens et mélomanes), IVe année, n° 3, Leipzig, 17 janvier 1873, p. 38.

celui qui sera le sien pour évoquer la nouvelle année dans *Le Gai Savoir*. Son ardeur belliqueuse, amplifiée par la polémique dans laquelle la publication de *La Naissance de la tragédie* l'a précipité malgré lui[1], n'a rien de comparable avec la vigueur et la maîtrise stylistiques qu'il affichera une décennie plus tard. Il y donne libre cours à une violence juvénile non contenue, à laquelle il entendra explicitement tourner le dos dans la suite de son œuvre. Le style a ceci de commun avec la sérénité qu'il est une conquête plutôt qu'un donné ! L'accusateur ne s'est pas encore métamorphosé en affirmateur. On ne naît pas Nietzsche, on le devient.

Pour l'heure, tout à son rôle de première gâchette dans le dispositif de défense de son « *maître le plus vénéré* », il écrit :

> *Monsieur Alfred Dove a eu le malheur, dans un* « mot de Nouvel An saluant le travail intellectuel en Allemagne » – *rédigé de façon maniérée et où chacune de ses idées nous fait trembler – de commettre un faux pas en définitive vraiment honteux, et, en trébuchant, de se déchaîner sur ce ton.*

Avant de se demander :

> *Jusqu'à quelle sorte de public s'abaissent donc M. Dove et son* « libre » *pathos ? [...] « aborder » monsieur Puschmann sans le moindre besoin, à la manière d'Alfred Dove, lui serrer la main en public, est-ce possible puisque c'était inutile ? Quel* « médecin de l'âme » *peut en cette affaire nous éclairer ? Ou bien était-ce malgré tout nécessaire ? Quelle pression peut bien exercer ce genre de lecteurs sur l'impressionnable M. Dove ?*

Puis, il forme, pour finir, le vœu, plein d'ironie et de fiel, de

> *soutenir M. Alfred Dove dans sa pénible tâche de venir à bout de façon satisfaisante, par une cure psychiatrique, des caprices du goût contre-nature des lecteurs du* Neues Reich.

Ces deux-là, au moins, sont habillés pour l'hiver.

---

1. Cf. *Querelle autour de* La Naissance de la tragédie, *écrits et lettres de Friedrich Nietzsche, Friedrich Ritschl, Erwin Rohde, Ulrich von Wilamowitz, Richard Wagner,* ouvrage collectif, avec un avant-propos de Michèle Cohen-Halimi, traductions de Michèle Cohen-Halimi, Hélène Poitevin et Max Marcuzzi, Paris, 1995, Université de Paris XII-Vrin.

Les deux hivers suivants, 1873-1874 et 1874-1875, Nietzsche se rend de nouveau à Naumburg pour les fêtes. S'ouvre une longue série de fins d'année partagées entre alitement, maux divers et tentatives de continuer à regarder l'avenir avec courage et ardeur. À Gersdorff, il adresse les mots suivants, le 26 décembre 1873 :

> *Ami très cher à mon cœur, J'ai été malade, alité – ici au pays ; la vieille litanie ! [...] au réveillon de la Saint-Sylvestre, je porterai en ton honneur un toast spécial. [...] se conjugueront nos vœux et nos espoirs, nos espoirs pour l'an neuf 1874.*

L'année suivante, dans une lettre à Elisabeth datée du 17 janvier 1875, il avoue :

> *J'ai été malade après mon retour à Bâle (exactement comme il y a un an pour Noël à Naumburg).*

Puis, il ajoute :

> *Maintenant je vais très bien.*

Évidemment.

Mais la tendance se confirme d'une année sur l'autre : la fatigue le gagne et finit par avoir raison de son ardeur à festoyer à chaque fin d'année. Il ne lui reste presque plus de forces physiques et mentales au moment de voir arriver l'an neuf. Comme il le confie à son amie Mawylda von Meysenburg, le 2 janvier 1875, il en vient à nouveau, et sans doute plus que jamais, à souhaiter l'acquisition d'une propriété à la campagne. Il justifie son vœu ainsi :

> *Vivre est une terrible et dangereuse chose – j'envie tout homme mort sans indignité. Je suis au reste bien résolu à vivre vieux ; car ce n'est qu'à cette condition que l'on peut arriver à quelque chose. Mais ce n'est pas par plaisir que je veux vivre vieux. Vous comprenez une telle résolution, avec les vœux toujours les plus cordiaux de votre F.N.*

À sa mère Franziska, il se livre dans un moment d'abattement, fin janvier 1875 :

> *Les années passent à vive allure, et je suis loin de voir dans la vie une belle invention.*

Puis, encore, à l'ami philologue Erwin Rohde, le 5 février 1875, il lâche :

> *J'ai, en ce qui me concerne, le sentiment, cette année, que je devrais m'interdire tout mouvement d'insatisfaction, car c'est finalement une marque de faveur et un privilège de la part de la déesse* Tuchè[1] *de vivre en contemporain les années de Bayreuth : le sentiment de gratitude pour cela ne devrait pas me quitter ! Mais tu connais le sens tristement humain d'un tel* « ne devrait pas ». *Il m'arrive parfois de douter presque et de me demander si je serai vraiment capable de supporter cette fête de joie si ardemment et si longtemps désirée ; j'en ai déjà le cœur tout chaviré à la simple idée : on a trop souffert, et trop longtemps, on a connu trop de privations. Non, comment fait-on seulement pour vivre !*

Dans un tel état de déception mêlée de souffrance et d'inquiétude, on ne peut que se le demander. Nietzsche n'hésite pas à le faire auprès de son alter ego philologue. Les années apportent leur lot de contrariétés et d'épreuves, de doutes et de déceptions aussi. Elles finissent par marquer les hommes. Tous les hommes. Par entamer leur confiance en la vie et les contraindre à réprimer

1. C'est la divinité tutélaire de la fortune dans la mythologie grecque.

leurs propres mouvements naturels. La crainte de ne pas supporter des émotions qui risqueraient d'être trop fortes en est un des symptômes les plus manifestes. Et si les nerfs lâchaient ? Et s'il n'était pas possible de garder le contrôle de soi ? Il y a des moments où la vie devient un problème, au lieu d'être la grande pourvoyeuse de possibles et d'expédients que les événements favorables font d'elle. La lassitude gagne alors l'individu. En période de fêtes, c'est souvent le cas. Cela donne lieu à des expériences d'autant plus douloureuses que le contexte semble pousser à éprouver l'inverse. On est alors tenté de retourner contre soi la question : est-ce la vie ou bien est-ce *moi* ? Qui en appelle, une autre plus effrayante encore : mais comment *les autres* font-ils ? Quand l'année commence ainsi, on est en droit, si on en a la lucidité, de craindre le pire. Il n'est jamais loin et hélas presque toujours sûr.

PROGRESSIVEMENT, à mesure que croissent son insatisfaction et sa difficulté à concilier toutes les tâches qui lui incombent, la maladie s'installe. Chaque hiver, elle reprend ses quartiers et le fait plier un peu plus sous son joug, sans qu'il perde encore totalement espoir. Au vieux complice Gersdorff, Nietzsche écrit le 13 décembre 1875 :

> *[...] on ne doit pas s'attacher à l'existence, cela est clair, et pourtant, comment peut-on la supporter quand on ne veut plus rien !! Je pense que le* vouloir-savoir *demeure la dernière région de la volonté de vie, comme une zone intermédiaire entre vouloir et ne plus vouloir, un peu purgatoire, dans la mesure où nous considérons de haut la vie, insatisfaits et méprisants, et un peu* nirvana, *car l'âme se rapproche ainsi de l'état de pure contemplation. Je m'exerce à désapprendre la hâte dans le vouloir-connaître ; tous les savants en souffrent et ils perdent ainsi l'apaisement magnifique que procure toute nouvelle perspective. Mais je suis encore trop écartelé entre les différentes exigences de ma profession pour ne pas* devoir *trop souvent succomber, malgré moi, à cette hâte ; je veux progressivement remettre tout d'aplomb. La santé deviendra alors elle aussi plus solide ; je ne pourrai la recouvrer que lorsque je la* mériterai, *lorsque j'aurai trouvé l'état de mon âme qui m'est pour ainsi dire promis, l'état de santé de l'âme, quand celle-ci n'a conservé qu'une pulsion, le vouloir-savoir, et s'est débarrassée des autres désirs et pulsions.*

Cette année-là, il n'écrit aucune lettre à Noël. Il reste alité, seul, à Bâle. Incapable de supporter la vie qu'il mène et luttant pour ne pas trop s'y attacher. Il s'efforce ne pas perdre l'équilibre. Son examen de lui-même ne fait que creuser son désarroi. Il en vient à douter de son propre goût pour la connaissance, auquel il ne souhaite pas renoncer. Conscient que la vie ne peut pas se surplomber, il cherche la juste distance pour l'observer et la comprendre sans la compromettre. La volonté de savoir lui apparaît comme son ultime refuge. Elle est peut-être, se dit-il, le remède à ses souffrances et le prix de la santé. L'acquisition d'une forme de lenteur, le renoncement volontaire à toute précipitation peuvent seuls lui rendre l'équilibre perdu, veut-il encore croire. Mais le souhaiter est une chose, y parvenir en est une autre. Le savant n'a en la matière aucun privilège sur l'homme du commun. Pis, l'hypertrophie de son pouvoir de connaître le mutile. On ne peut pas être à la fois le chirurgien, le scalpel et le patient.

Dans les premiers jours de janvier 1876, la détérioration de sa santé se poursuit. Elle est si marquée qu'il ne lui est pas possible d'assurer la totalité de son service d'enseignement. L'année commence très mal. Il n'a d'autre choix que de demander sa mise en congé du *Pädagogium* pour l'année suivante. Il se tourne vers les autorités compétentes en la personne de Carl Burckhardt, le 2 janvier 1876 :

> *Monsieur le Président, Mon état de santé m'oblige à solliciter un allégement provisoire de mes obligations d'enseignement, à savoir être dispensé des cours au* Pädagogium *pour le restant du semestre. De violentes migraines et douleurs oculaires, qui reviennent périodiquement, ont atteint, ces derniers temps, un tel degré qu'un allégement de cette nature est devenu un besoin pressant et je ne peux espérer mener à leur terme mes cours à l'université qu'avec ce traitement de faveur.*

Quelques jours plus tard, il déclare à son maître Ritschl, le 12 janvier 1876 :

> *Pour ce qui me concerne, je préfère aujourd'hui ne rien dire, car j'aurais trop à dire et mon état de santé n'est précisément pas assez bon pour me le permettre actuellement.*

Puis, à Gersdorff, le 18 janvier 1876, il révèle ses craintes intimes les plus noires :

> *J'éprouve des difficultés à écrire et je serai donc bref. Très cher ami, j'ai derrière moi le pire des Noëls que j'ai passés, le plus douloureux, le plus inquiétant ! Le premier jour, j'ai eu, après nombre d'avertissements toujours plus fréquents, une vraie crise. Je ne pouvais plus douter que j'étais tourmenté par une grave maladie du cerveau et que l'estomac et les yeux ne souffraient que par l'effet de cette cause centrale. Mon père est mort à trente-six ans d'une encéphalite, il est possible que les choses aillent encore plus vite avec moi. Grâce à des applications de glace pendant plusieurs heures et des ablutions sur la tête tôt le matin, sur le conseil d'Immermann, mon état s'est quelque peu amélioré, après une semaine d'épuisement total et de cruelles douleurs. Il ne s'agit cependant même pas d'une convalescence, l'état inquiétant n'a pas disparu, il se rappelle à moi à chaque instant. On m'a dispensé du* Pädagogium *jusqu'à Pâques, je reprends mes cours à l'Université. Je suis patient, mais je m'interroge beaucoup sur l'avenir. […] Quand je songe à tout ce que j'ai enduré, il me faut croire que je surmonterai encore cet hiver. Toi, porte-toi bien, il me faut toujours plus chercher mon bonheur dans celui de mes amis. Tous mes projets personnels sont comme partis en fumée ; je les vois encore devant moi et j'aimerais les saisir. Car il est triste, et à peine possible, de vivre sans eux.*

Quand la santé devient capricieuse, c'est tout l'édifice de l'existence qui chancelle. L'avenir ne se profile plus qu'en pointillés. L'expression consacrée qui veut que la santé vienne en tête de tous les vœux formulés pour la nouvelle année prend pour Nietzsche tout son sens. Il a passé le pire des réveillons de Noël de son existence, et l'on sait l'importance que cette date revêt à ses yeux. Il enchaîne les crises à un rythme régulier. Il en vient même à craindre une répétition du scénario paternel. Et si la mort venait le faucher lui aussi dans la fleur de l'âge, encore plus jeune que son propre père ? N'est-ce pas un mal similaire qui le ronge avec une férocité chaque année plus redoutable ? La fébrilité le gagne. La décharge de service n'est sans doute pas un allégement suffisant pour lui permettre une véritable guérison, ni même une convalescence digne de ce nom. Que faire alors ? Prendre son mal en patience et croire en ses amis, telles sont les résolutions que prend Nietzsche. Si on ne peut être heureux ni en bonne santé, il est au moins possible de jouir de ces états par le biais de ses relations, en éprouvant de la satisfaction à les savoir bien portants et accomplis. Mais c'est une bien maigre consolation pour commencer l'année que de l'aborder ainsi par procuration.

Au cours de l'année 1876, la tendance se confirme. À Bayreuth, quelques mois plus tard, Nietzsche est à nouveau pris de malaise. Il ne peut assister aux représentations. Quelque chose est en train de rompre à l'intérieur de lui. Ce n'est que le début d'un long processus de dégradation de son état qui va durer plusieurs années et auquel il va, sans succès, essayer d'échapper par tous les moyens. Souhaiter guérir est une chose. Mais y parvenir suppose plus et autre chose que d'en formuler le vœu. Les fêtes de fin d'année deviennent alors des moments de torture et de calvaire que même la fuite et l'exil volontaire, vains expédients aux douleurs intérieures, ne peuvent suffire à faire oublier.

Dans de telles conditions, c'est la capacité d'espérer, de souhaiter et de se résoudre à agir qui s'effrite. Il faut alors poser son baluchon quelque part, se donner un peu de temps à soi et attendre avant de porter sur l'avenir un regard à nouveau optimiste et chargé de promesses. Nietzsche s'y résout enfin.

C'EST AU SOLEIL de l'Italie, loin des siens et de Bâle dont il s'éloigne vraiment pour la première fois, que Nietzsche tente de se refaire une santé. À l'automne 1876, il a obtenu un congé pour le semestre d'hiver. Après une brève étape à Gênes, où il reviendra pour trois hivers consécutifs entre 1881 et 1883, il retrouve quelques amis dans la baie de Naples, du côté de Sorrente. Il y passe de bons moments dans ce qu'il conçoit comme une sorte de cloître philosophique[1]. Mais, quand l'année s'achève, il se retrouve à nouveau malade et alité. Dans une lettre du 16 décembre à Reinhart Von Seydlitz, il semble faire contre mauvaise fortune bon cœur :

> *S'il faut être malade, que ce soit au moins dans une telle contrée et parmi des amis comme ceux que j'ai, et d'abord notre excellente Mlle von Meysenburg, si maternellement charitable [...] et qui est une âme véritablement belle. Les Wagner ont été quatorze jours avec nous.*

On se rassure comme on peut, quand tout ou presque va mal. L'endroit et la compagnie sont plaisants, à défaut du reste... À sa traductrice Marie Baumgartner, il s'adresse en ces termes, le 18 décembre 1876 :

1. Cf. Paolo D'Iorio, *Le Voyage de Nietzsche à Sorrente*, CNRS éditions, 2012, p. 67-79, à propos du « couvent des esprits libres ».

Vénérée Madame, Je vous souhaite une bonne fête de Noël. Mon état est redevenu fort mauvais : espérons en la nouvelle année !

Mais il dort très mal et ce sont des morts qui viennent hanter ses nuits. Une lettre à Cosima Wagner du 19 décembre 1876, rédigée pour son anniversaire, qui tombe le jour de Noël, lui fournit l'occasion d'un énième bilan de son existence :

[...] ce qui a été misérable et désespérant par le passé l'est encore davantage à présent, et ce qui a été grand l'est resté, et l'est encore davantage à présent. Nous ne pouvons que fêter des jours tels que le vôtre, et non pas présenter nos vœux. D'année en année, on devient plus silencieux et l'on ne dit plus un seul mot sur les choses personnelles. L'éloignement qu'exige mon mode de vie actuel, imposé par la maladie, est si grand que les huit dernières années de ma vie me sont presque sorties de la tête et que les périodes plus anciennes de mon existence, auxquelles je n'ai pas du tout songé durant ces années de constant labeur, s'imposent avec violence. Je passe presque toutes mes nuits en rêve avec des personnes oubliées depuis longtemps, et surtout avec des morts. Mon enfance, ma vie de petit garçon et mes années d'école me sont tout à fait présentes à l'esprit. Si je considère les buts que je me fixais étant jeune et les résultats que j'ai atteints, je constate que j'ai largement dépassé ce que peut souhaiter la jeunesse en général ; cependant je n'ai réussi à atteindre en moyenne que le tiers de tout ce que je me suis fixé délibérément. L'avenir n'y changera sans doute rien. Si j'étais en parfaite santé – qui sait, mes tâches deviendraient peut-être des projets aventureux. En attendant, je me vois contraint d'affaler un peu les voiles.

Cette dernière lettre est particulièrement intéressante. Elle est à la fois un bilan et un tournant dans sa vie affective et intime. Les tendances positives et négatives de l'existence se confirment étrangement, comme s'il y avait en elles quelque chose de têtu et de cohérent. Nietzsche est parvenu à l'âge où l'on comprend que tout ne peut pas changer d'un seul coup de manière favorable dans l'existence. Il faut s'accommoder de ce qu'on est et de ce qui nous échoit. Pour lui, c'est l'installation durable de la maladie qui tient lieu d'actualité personnelle. Les effets sur sa mémoire sont des plus troublants. Son enfance et sa jeunesse lui sont étrangement présentes, alors que son passé récent, ses premiers pas dans la carrière de professeur et d'écrivain se sont comme dissous dans l'intensité permanente et asphyxiante pour la psyché de son travail. Il fait alors plusieurs constats d'une grande pertinence à propos de la nouvelle année et de la nature évolutive des vœux qu'on peut être amené à formuler en prenant de l'âge.

D'abord, de manière générale, c'est le silence sur soi qui croît et s'impose avec le passage des ans. On devient moins loquace sur les « *choses personnelles* ». On en dit moins sur sa personne et sur ses aspirations. Nietzsche ne nous dit pas vraiment pourquoi. On peut penser que l'illusion perd au fil du temps une part de sa vertu propulsive. On ose moins s'élancer vers l'avenir qu'au temps de sa prime jeunesse. Et surtout moins se livrer aux autres, auxquels on éprouve peut-être simplement moins le besoin de révéler nos projets. À moins qu'on ne se hasarde plus à afficher au grand jour nos désirs, en sachant pertinemment que peu se réaliseront ou même seront maintenus en tant que tels.

Ensuite, Nietzsche illustre son propos par son exemple, qu'il envisage à deux niveaux. D'un côté, il est allé au-delà de tous les souhaits que la jeunesse permet, car paradoxalement elle ne s'autorise pas tout. Il y a tant de possibles qu'elle n'envisage pas. De ce point de vue, Nietzsche s'est ouvert des perspectives insoupçonnées et a atteint un niveau de réalisation de soi sur les plans personnel et professionnel qu'il ne pouvait pas même se représenter au cours de ses jeunes années. C'est le versant positif de son bilan. Mais, d'un autre côté, il ne peut s'empêcher de penser que la route est encore très longue pour parvenir aux fins qu'il s'est fixé une fois parvenu à une maturité plus grande dans l'existence. La part de ses souhaits encore inassouvis le désespère. La médiocrité de sa santé le pousse à réduire la voilure et à se contenter de ce qui est réalisable. Il y a des moments où il faut savoir faire profil bas et limiter ses ambitions. On s'appuie alors sur le passé pour l'évaluer et éviter de désespérer du présent. Il arrive, quand rien ne va vraiment comme on le souhaite, que l'examen du second nous inquiète et que la considération du premier nous rassure. On peut alors quand même espérer inverser la tendance.

Ce n'est pas encore le cas pour Nietzsche. Son humeur et son état ne sont pas bons, ni encourageants. Mais il a du temps. Il écrit beaucoup pour ses premières fêtes de fin d'année passées en Italie. Il adresse des vœux enjoués à ses proches et à ses amis au loin. En évitant donc de plus en plus de donner un tour trop personnel à leur expression. À Franziska et à Elisabeth, le 24 décembre 1876, il s'adresse en ces termes sincères, mais non dénués d'une singulière platitude :

> *Je vous souhaite à toutes deux plein de bonnes choses, tout ce que vous pouvez désirer et espérer.*

À Rohde, le 30 décembre 1876, devant l'échéance du Nouvel An, il écrit :

> *D'avance mes très cordiaux vœux de santé, cher et vieil ami !*

Il renoue avec d'autres, comme Sophie Ritschl, au début du mois de janvier 1877. À celle qui vient de perdre son mari (lui aussi en janvier !), auquel Nietzsche doit sa nomination à Bâle huit ans plus tôt, il ouvre sincèrement son cœur :

> *Très vénérée Madame, Seules une maladie persistante et mon incapacité radicale à écrire des lettres ont fait que je me suis abstenu si longtemps de vous exprimer ma très profonde compassion. [...] Je suis heureux d'avoir, l'année dernière encore, trouvé dans sa lettre le précieux témoignage d'une bonté et d'une cordialité inchangées. [...] Recevez les plus chaleureuses pensées d'un ami qui vous reste pour toujours sincèrement dévoué et qui porte avec vous le deuil.*

Malgré la douleur que cette disparition n'a pu manquer de lui occasionner, Nietzsche semble retrouver goût à certaines activités. À Franziska et à Elisabeth, le 8 janvier 1877, il envoie une carte postale dans laquelle il fait état de ses dernières activités. Il fournit au passage un bilan de santé, dont ses correspondantes ne peuvent certainement que se réjouir :

> *J'ai vraiment reçu les belles lettres de Nouvel An le jour même de la nouvelle année, au retour d'une partie de campagne que nous avions faite et qui a duré toute la journée, avec le plus beau temps et une vue enchanteresse sur le golfe ; nous avons visité un des châteaux royaux. Je vais maintenant mieux, une cure de cinq semaines, accompagnée de rinçages des fosses nasales, m'a apporté quelque soulagement, si bien qu'un catarrhe cérébral n'est peut-être pas étranger à tous mes maux. Je me soigne maintenant par de fréquentes prises de tabac.*

Il récidive avec Marie Baumgartner, le 9 janvier :

> *Je n'ai aujourd'hui à annoncer que ceci : ma santé* commence *à correspondre aux aimables attentes et souhaits de toutes les personnes qui ont de l'amitié pour moi – je n'ose pour l'instant rien dire de plus.*

Mais la rechute n'est jamais loin. Le mal est devenu structurel. Le temps a accompli ses basses besognes. À Elisabeth, le 20 janvier 1877, il doit avouer :

> *On ne règle pas si vite son sort à un mal qu'on traîne depuis des années. Encore passé deux jours au lit, suivis d'une mauvaise période.*

Ses difficultés persistantes en matière de santé, que le soleil napolitain n'a pu totalement faire fondre, ne l'empêchent pas, comme chaque d'année, d'adresser à sa mère ses vœux à la fois pour le Nouvel An et pour son anniversaire. Ainsi, le 27 janvier, Franziska reçoit-elle, avec quelques jours d'avance, les mots suivants :

> *Je te souhaite par avance un très bon anniversaire, ma mère bien-aimée ; faisons ensemble le vœu que l'année qui vient soit davantage épargnée que celle qui s'achève dans la souffrance, le deuil et les soucis. Je ne peux pas écrire de véritables lettres, cela me fatigue tant que je dois toujours le payer pendant plusieurs jours ensuite (comme lorsqu'il m'a fallu enfin écrire à cette pauvre Mme Ritschl). J'ai traversé sans cesse des heures et des jours difficiles, mais, au total, je crois que les choses avancent. Simplement, personne ne doit croire que la santé se rétablit* d'un coup. *Maintenant encore, le temps demeure un peu frais et venteux. Ma tête semble toujours*

manquer de sang : j'ai trop réfléchi *ces dix dernières années (ce qui fatigue davantage, comme on sait, que de trop « travailler », bien que ce soit aussi mon cas). Je vous apprendrai comment on fait le risotto, je le sais maintenant.*

Même diminué par son état de santé, Nietzsche trouve encore les ressources pour s'adresser à sa mère, comme il le fait tous les ans. L'année précédente fut si rude et si chargée de douleurs en tous genres qu'elle lui dicte négativement le premier vœu de la suivante : passer à autre chose, tourner la page, ce sera déjà pas mal ! Voilà ce qu'il semble vouloir lui dire sommairement, alors que ses forces ne lui permettent pas de rédiger un mot plus long. Il ne perd toutefois pas totalement espoir et veut croire en son rétablissement. Pour rassurer sa correspondante ? Pour se persuader lui-même que c'est possible ? Il y a sans doute un peu de tout cela dans son ton et dans sa démarche. Pour justifier son état, il distingue son dur labeur, qui n'en est pas la véritable cause, et sa trop intense activité mentale personnelle, qui l'a conduit à végéter excessivement et à cogiter de façon contre-productive. Une touche culinaire plus légère ne suffit pas à atténuer la noirceur du tableau. Elle atteste le fait qu'une certaine disponibilité d'esprit n'a pas encore totalement disparu pour les choses triviales mais plaisantes de l'existence la plus quotidienne et la plus concrète. C'est mince, mais c'est déjà quelque chose.

Le congé pris pour sortir des affres de la maladie se révèle toutefois insuffisant. Nietzsche ne peut reprendre son service d'enseignement de façon sereine et profitable. L'hiver suivant, il reprend donc la plume pour adresser une nouvelle demande au même Carl Burckhardt. Le 17 octobre 1877, il lui écrit :

Très honoré Monsieur le conseiller d'État, Après m'être efforcé pendant un an de rétablir ma santé, grâce au congé qu'on a eu la bonté de m'accorder, usant de tous les ménagements et de tous les soins imaginables, je suis malheureusement obligé de m'avouer à l'échéance de ce délai que je n'ai en aucune manière atteint mon but ; des examens minutieux, récemment entrepris par trois médecins, m'ont au contraire donné la triste certitude que des dangers bien plus graves s'apprêtent, à l'endroit particulièrement de ma vision, et qu'il me faut par conséquent me résoudre à des mesures beaucoup plus radicales. Les médecins ont été unanimes à exiger que je m'abstienne de lire et d'écrire pendant plusieurs années.

Suit une autre lettre à Paul Rée, un mois plus tard, le 19 novembre 1877, qui en dit long sur la période qu'il vient de traverser :

En cette année de malheur où fut découverte l'origine des sentiments moraux, puissé-je apprendre bientôt de vous, mon ami, le départ définitif des démons de la maladie : il ne me restait alors plus rien d'autre à souhaiter pour cette nouvelle année de votre vie que de vous voir rester tel que vous êtes, et vous voir rester envers moi tel que vous fûtes l'an dernier. Vous m'avez sans doute gâté ; mais il faut que je vous dise que je n'ai encore jamais dans ma vie trouvé autant de charme à l'amitié que grâce à vous durant cette année, sans parler de tout ce que vous m'avez appris.

L'année n'est pourtant pas encore terminée ! Des vœux en novembre ? Après tout, pourquoi pas ? Mettre un terme à la maladie, garder près de soi un ami cher, reconnaître tout ce qu'on lui doit, voilà des tâches qui n'attendent pas toujours la fin ou le début d'une année pour être accomplies. Cette impatience n'a rien de choquant, ni d'inquiétant en soi. Mais elle n'est pas non plus un signe de rétablissement suffisant. Du reste, cette fin d'année-là, Nietzsche n'écrit à nouveau aucune lettre pour Noël. De retour à Bâle, il entre dans les années les plus noires de son existence, au cours desquelles la maladie ne le lâchera plus. Au point qu'il devra abandonner sa carrière d'enseignant, démissionner de son poste et lutter pour obtenir, grâce à l'aide précieuse de son collègue et ami Franz Overbeck, la maigre pension avec laquelle il lui faudra chercher à survivre pour le restant de ses jours conscients, soit une dizaine d'années et autant de Jours de l'an.

À Bâle, Nietzsche passe les fêtes des fins d'année 1877-1878 et 1878-1879 dans un état de santé en constante aggravation. En novembre 1877, il va à nouveau très mal. Les douleurs et les maux divers (yeux, tête, ventre) ne le laissent pas en paix un seul instant. Cette année-là, les fêtes sont dans la continuité directe des mois qui viennent de s'écouler. Il s'exprime en ces termes dans une lettre à Reinhart von Seydlitz, en date du 4 janvier 1878 :

> *Vous êtes si bon, cher ami, dans vos vœux et vos promesses, et je suis si pauvre actuellement. Chacune de vos lettres est pour moi un fragment de joie de vivre et je ne puis rien, rien de rien vous donner en échange. Pendant les fêtes de Noël, j'ai de nouveau traversé des jours, voire des semaines, pénibles, pénibles, nous allons voir maintenant ce que* peut *la nouvelle année. Nous réunir ? Je me raccroche à cette idée.*

Misère extrême de celui qui n'a rien à donner en échange de ce qu'il reçoit et qui « *[s]e raccroche* » à tout ce qu'il peut. Revoir un ami, par exemple. Appeler de ses vœux la potentialité de changement d'une année nouvelle, surtout. Placer en elle ses espoirs, comme on s'en remet au sort, après avoir épuisé toutes ses ressources physiques et morales, c'est bien ce que semble faire Nietzsche.

À l'approche de Noël 1878, il nourrit encore certains espoirs et, malgré les douleurs qui l'accablent, continue de s'accrocher à l'existence. Il expédie cette carte postale à Franziska et à Elisabeth, le 21 décembre 1878 :

> *Tout autour de moi, un hiver de neige, persistant et profond, tel que je n'en ai* jamais *vu à Bâle. Le paysage de Sankt-Margarethen est magnifique. Les arbres se brisent presque sous le poids de la neige. Ce me semble être salutaire : la semaine sans attaque, j'ai donné* tous *les cours, et c'est aujourd'hui le dernier avant Noël.*

Mais, une fois Noël passé, il s'adresse aux deux mêmes dans les termes suivants, le 27 décembre 1878 :

> *[...] jusqu'à présent, mon état était tout à fait déplorable, de dimanche à aujourd'hui, attaque sur attaque. Vous le voyez, je ne peux écrire, et je peux à peine vous remercier. [...] Contentez-vous de ces seuls mots :* « Je vous remercie de tout mon cœur », *il me devient si difficile d'écrire aujourd'hui. Qu'on en finisse avec l'année ancienne.*

Et, à Marie Baumgartner, le 29 décembre 1878 :

> *Quelles vacances, très chère Madame ! Je suis à demi-mort d'épuisement et de douleur ; toute la semaine, une attaque après l'autre, une façon de payer après coup la première moitié du semestre universitaire. [...] Leopardi est là, sous sa belle livrée sérieuse, que je me réserve pour les beaux jours d'été en montagne. Vous savez toutefois que je ne suis pas un « pessimiste » comme lui, et je ne fais que constater, sans le déplorer, le « côté sombre », là où je le trouve. Certes, cela ne produit pas d'aussi magnifiques poèmes.*

À Ernst Schmeitzner, il peut tout de même écrire, le 31 décembre 1878 :

> *Voici le manuscrit en guise de vœu de Nouvel An.*

Il s'agit d'*Opinions et sentences mêlées*, sorte de supplément à *Humain, trop humain*, mis au propre en novembre et décembre par Marie Baumgartner, qui l'a recopié et réordonné. Avant de conclure l'année par une ultime carte postale à Franziska et à Elisabeth, le 31 décembre 1878 :

> *Il faut entrer, mes chères, dans la nouvelle année de bon cœur et avec patience, et je le dis à vous comme à moi : « on a déjà surmonté pire ».* In summa, *je tiens toujours bon, et donc, tenez bon avec moi fidèlement : car un malade apporte peu de joies et beaucoup de misères.*

Tenir bon, ne pas perdre son entrain et sa bonne humeur, faire preuve de patience, pouvoir compter sur la fidélité des siens, telle est la manière d'entrer dans l'année nouvelle qui convient à un Nietzsche diminué par la maladie et conscient des contraintes que lui impose son état, ainsi qu'à ses proches. Il parlera plus tard, en reprenant les mots de Stendhal, de la nécessité d'entrer dans la vie par un duel[1] ou de se plonger dans les grands problèmes comme dans un bain froid dans lequel on doit ressortir aussi vite qu'on y est entré[2].

Wagner et lui ne se sont pas revus depuis Sorrente. Leur éloignement a tourné à la rupture tacite. Celle-ci se manifeste aussi par un geste qui en dit long sur son dépit amical. Au Nouvel An 1878, Nietzsche s'adresse en ces termes à Paul Wideman :

> *Cette œuvre (il s'agit des* Maîtres chanteurs de Nüremberg*), à l'origine un présent de Richard Wagner que je reçus à Tribschen lorsque, en 1869, je fêtai pour la première fois Noël avec lui, je la remets aujourd'hui dans les mains de M. Paul Wideman, à la fois pour lui adresser une marque de ma profonde et chaleureuse estime et pour avoir la garantie que, par la possession de ce témoignage d'amitié, il gardera un souvenir de moi.*

On ne peut s'empêcher d'y ajouter une troisième raison : mettre de la distance avec son « *maître le plus vénéré* », en faisant dans sa vie un grand ménage de janvier.

1. Cf. *Ecce homo*, « Pourquoi je suis si sage », § 7, in *OPC*, volume VIII, traduction de J.-C. Hémery, Gallimard, p. 254. Sur le rapport entre Nietzsche et Stendhal, voir le *Dictionnaire amoureux de Stendhal*, article « Léonard », Plon-Grasset, Paris, 2013 ; *Dictionnaire Nietzsche*, article « Stendhal » par Chiara Piazzesi, sous la direction de Dorian Astor, Robert Laffont, Bouquins, Paris, 2017, p. 853-854.
2. Cf. *Le Gai Savoir*, § 381, « De la question de l'intelligibilité », in *OPC*, volume V, traduction de P. Klossowski revue, corrigée et augmentée par Marc B. de Launay, Gallimard, p. 290.

Aucune amélioration ne vient avec l'arrivée de la nouvelle année. À Carl Burckhardt, il est contraint de confirmer, le 11 février 1878, son souhait de quitter le *Pädagogium* de façon définitive :

> *Mon état de santé actuellement continuellement chancelant m'avait moi-même incité dernièrement à vous offrir ma démission de toutes les fonctions que j'occupe au sein des établissements d'enseignement supérieur à Bâle. Le conseil de mon médecin, qui estime que tout espoir de rétablissement ne serait pas perdu, de manière au moins à me permettre de remplir ma tâche à l'Université, m'a cependant amené à solliciter uniquement, pour le moment, d'être définitivement dégagé de toute obligation envers le* Pädagogium. *[…] En conséquence de quoi, je vous prie, très estimé Monsieur le Président, d'appuyer ma démission de professeur au* Pädagogium *auprès d'une haute autorité académique.*

Affaibli et ralenti par ses douleurs, il dédicace tout de même son dernier livre, *Humain, trop humain*, le 1er janvier 1878, à Heinrich Köselitz, un jeune musicien qu'il a rebaptisé Pietro Gasti :

> *Ce que je vous souhaite sera probablement pour l'essentiel ce que vous-même souhaitez pour vous-même : il suffit que je pense très souvent à vous avec les paroles de Goethe* : « Ce globe terraqué/Offre encore assez d'espace pour de grandes actions,/Une œuvre digne d'admiration doit réussir,/Je me sens des forces pour une activité audacieuse ». *Nouvel An 1878.*

L'année qui s'ouvre et l'hiver suivant ne sont guère meilleurs. Nietzsche résume ainsi les tout derniers jours de l'année 1878 à Marie Baumgartner, dans une carte postale datée du 5 janvier 1879 :

> *La Saint-Sylvestre et le Nouvel An ont été de* sombres, sombres *jours. Et voilà que recommence le tourment du semestre, je suis très occupé cette semaine.*

Il confirme son sentiment à Franziska et à Elisabeth, le 11 janvier 1879 :

> *La journée du Nouvel An a très* sombrement *inauguré l'année qui commence ! […] Que tous vos vœux et vos projets se réalisent pleinement.*

Nietzsche est surtout préoccupé par la remise d'un manuscrit dont son éditeur Ernst Schmeitzner n'a pas accusé réception. Il s'en plaint, grave, à l'intéressé, le 12 janvier 1879 :

> *Très cher Monsieur l'Éditeur, Nous voici le 12 janvier, et toujours pas d'épreuves. – Vous savez que vous avez comme auteur quelqu'un de gravement malade ? Que je dois, jour après jour, gérer* d'avance *avec la plus rigoureuse économie les quelques quarts d'heure dont je dispose, avec* mes yeux *et* ma tête *? Que je dois payer tout écart par de violentes attaques de mon mal ? Que la* manière dont s'est déroulée l'impression *l'année dernière est un souvenir des plus pénibles ?*

Au même Schmeitzner, il avait écrit, le 31 décembre 1878 :

> *Voici le manuscrit* [Opinions et sentences mêlées], *en guise de vœu de Nouvel An ! Au nom du ciel, faites-moi signe dès que vous l'aurez entre les mains ! Je me débattrai jusque-là dans l'angoisse et les tourments.*

Il ne retrouvera un peu de sérénité que lorsque ce dernier lui aura confirmé la réception de son texte. Il y puisera l'énergie nécessaire pour adresser un bref poème à Louis Kelterborn, dans le courant du mois de janvier 1879 :

> *Que l'homme soit noble, secourable et bon comme le Docteur Kelterborn ! [...] Mais, sérieusement, vous m'avez procuré la première joie de la nouvelle année, avec ce que vous avez fait pour moi, ce que vous m'avez dit et ce que vous m'avez envoyé ! J'étais pour ce qui me concerne malade avec de violentes douleurs et j'avais* besoin *d'un tel réconfort.*

À Otto Eiser, il écrit à nouveau, à la mi-janvier 1880 :

> *Quelle surprise ! Quel printemps ! Quelle bonté chez les habitants de la Hirschgasse ! Non, cher et bon docteur, je vous ai donné la description de mon état en fonction de la moyenne de l'année dernière, et non selon l'exceptionnel ! Statistiquement parlant, j'ai eu 118 attaques graves ; je n'ai pas compté les plus légères. Si seulement je pouvais vous décrire mon état permanent, la douleur constante et la pression dans la tête, sur les yeux, et ce sentiment général de quasi-paralysie de la tête jusqu'à la pointe des pieds ! – Ma sœur m'a vu dans les conditions les plus favorables, j'ai été moi-même abusé jusqu'à nourrir quelque espoir.*

Rien ne va plus, décidément.

L'hiver 1879-80 est sans doute le pire de toute sa vie. Très gravement malade, Nietzsche se croit à l'article de la mort, qu'il appelle même de ses vœux. C'est la première fois depuis la terrible nuit de traversée entre Sorrente et Livourne de mai 1877, au cours de laquelle la pensée de la mort volontaire l'a accompagné comme jamais. Il est à Naumburg dans la maison familiale. Sa mère lui fait la lecture de Gogol, Lermontov, Bret Harte, Twain et Poe. Depuis qu'il a demandé et obtenu en mai 1879 son congé définitif de l'université de Bâle, il n'a pas repris pied dans l'existence. Ses lettres du 28 décembre 1879 décrivent un état de santé lamentable et, pour tout dire, terrifiant. Une carte postale à Heinrich Köselitz est explicite sur ce point :

> *[...] j'ai été dans un état à faire frémir. On ne veut pas me laisser partir, – et moi, je me demande si j'en suis* capable.

Une autre, adressée à Elisabeth le même jour, ne dit pas autre chose :

> *Ma chère sœur, Ce sont des temps pour moi plus durs et plus terribles que jamais. La dernière crise avec des vomissements pendant trois jours, hier un évanouissement. Jamais je n'ai observé une aussi* régulière *dégradation que ces trois derniers mois. Le* froid *m'est très nuisible. Je veux dès que possible retrouver Köselitz à Riva.*

Sans parler de celle qu'il envoie à Franz Overbeck :

> *Mon état était terrifiant, la dernière crise s'est accompagnée de trois jours de vomissements, hier, une perte de conscience d'une durée inquiétante. Si je ne puis rejoindre un climat plus chaud, le pire arrivera. [...] À tes chers parents à Falkenstein et à toi-même, les plus cordiales salutations de Nouvel An de ton ami.*

Puis, à Erwin Rohde, citant Épictète :

> *Mon état est de nouveau terrifiant, je souffre d'une abominable torture animale* – sustineo, abstineo [je supporte et je m'abstiens], *et je m'en étonne moi-même.*

Et, à Ernst Schmeitzner :

Mon état a été entre-temps terrifiant et inquiétant.

À nouveau, à Elisabeth, le lendemain, le 29 décembre 1879, il redit :

Je suis accablé d'un poids considérable. Cette année, j'ai eu 118 jours de crises graves. Belle statistique !

Nietzsche perd alors soudain son calme et montre sa fébrilité à son éditeur. Une énième lettre adressée à Otto Eiser, un médecin wagnérien, datée de janvier 1880, complète ce tableau des plus sombres dans lequel il décrit le supplice qui est le sien, le fardeau qu'est devenue son existence. Mais il exprime aussi, en dépit des restrictions et des souffrances que lui impose son état, les ressources qu'il y puise pour ses propres travaux de recherche et d'écriture :

[...] si je veux me risquer à écrire une lettre, il me faut en moyenne attendre quatre semaines avant que vienne une heure tolérable, *et ensuite je paie cette imprudence. Pardonnez-moi donc si je continue comme par le passé à me taire, mais en toute affection. Ma vie est un* fardeau terrible. *Je m'en serais déjà affranchi depuis longtemps si cet état de souffrance et de renoncement presque absolu ne me servait précisément à faire les tentatives et les expériences les plus instructives dans le domaine spirituel et moral. Cette joie assoiffée de connaître m'élève à des hauteurs où je triomphe de tous les martyres, de toutes les désespérances. Tout compte fait, je suis plus heureux que je ne l'ai jamais été, et pourtant !... Des douleurs constantes, pendant plusieurs heures de la journée, une sensation pareille au mal de mer, un état de demi-paralysie qui me rend la parole difficile, avec, pour changer, des attaques furieuses (la dernière m'a fait vomir trois jours et trois nuits, j'appelle la mort). Ne pas pouvoir lire ! Ne pouvoir écrire que très rarement ! Ne fréquenter personne ! Ne pas pouvoir entendre de musique ! Rester seul et me promener : l'air des montagnes, un régime de lait et d'œufs. Tous les moyens internes pour atténuer mon mal sont restés inefficaces ; je ne prends plus rien. Le froid m'est très pernicieux. Dans quelques semaines, je compte aller plus au sud pour recommencer mon existence d'ambulant perpétuel. Ma* consolation, *je la trouve dans mes pensées et les perspectives qui s'offrent à moi.*

À celui qui préférerait désormais la mort à une vie de souffrances, Eiser répond le 13 janvier en ces termes :

> *Le travail titanesque de vos centres nerveux par le moyen duquel vous parvenez à objectiver votre état de santé et à l'évaluer,* sit verba verbo, *de manière critique, doit contribuer à accroître la maladie et transformer ainsi le soulagement intellectuel en réelle aggravation. Votre auto-description pourrait bien provenir des tortures des tout derniers temps et en avoir tiré les sombres couleurs d'un pessimisme provisoire.*

Il ajoute qu'une attaque réelle et « *palpable* » des centres nerveux lui semble improbable et qu'il croit en la possibilité d'un rétablissement définitif.

À Mawylda von Meysenburg, Nietzsche trouve tout juste la force d'exprimer, le 14 janvier 1880, ses pensées obsédantes sur l'existence, sur son désir de la mort et sur sa relation avec les Wagner :

> *[...] l'effrayant et presque incessant martyre de ma vie fait naître en moi le désir d'en finir, et selon certains indices, l'hémorragie cérébrale qui me libérera est suffisamment proche pour me permettre d'espérer. Quant au supplice et au renoncement, ma vie peut se mesurer à celle des ascètes de n'importe quelle époque ; j'ai malgré tout acquis bien des choses pour purifier et polir mon âme – et pour cela je n'ai plus besoin de la religion et de l'art. (Vous remarquerez que j'en suis fier ; en réalité, c'est le total abandon dans lequel je me suis trouvé qui m'a d'abord permis de découvrir mes propres ressources). [...] Aucune douleur n'est et ne doit être susceptible de m'induire à donner un faux témoignage sur la vie,* telle que je la connais. *[...] Avez-vous de bonnes nouvelles des Wagner ? Cela fait trois ans que je ne sais rien d'eux ; eux aussi m'ont abandonné, et je savais depuis longtemps que Wagner ne tiendrait plus à moi, dès l'instant où il vint à remarquer l'abîme qui sépare nos aspirations. On a raconté qu'il écrivait contre moi. Qu'il* continue *: il faut, de toute façon, que la vérité soit mise en lumière ! Je pense à lui avec une gratitude persistante, car je lui dois quelques-unes des plus fortes incitations à l'indépendance de l'esprit. Madame Wagner, vous le savez, est la femme la plus sympathique que j'ai rencontrée dans ma vie. – Cependant, je ne suis plus du tout capable de les fréquenter, encore moins de renouer des relations. C'est trop tard.*

Il fait part, fin janvier 1880, à Franz Overbeck, d'un léger mieux-être :

> *Le Dr Paul Rée a été cinq jours auprès de moi, avec un état de santé plus rassurant et, pour moi, le grand réconfort de sa présence amicale. [...] Oh, cet hiver ! (J'ai eu 118 attaques graves l'an dernier.)*

Mais il se désespère auprès de Paul Rée, dans une lettre de la même période :

> *Je vous avoue que je n'espère plus en un au revoir, ma santé est trop ébranlée, la douleur trop tenace ; à quoi servent les efforts que je fais sur moi-même, et ma patience ! Oui, il y avait encore de l'espoir au moment de Sorrente, mais c'en est fini aujourd'hui !*

Cette année commence sous les pires auspices. Accablé par la maladie, passant de crise en crise, écrivant de moins en moins, c'est alors que Nietzsche décide de choisir pour la fin de l'année suivante une nouvelle destination. Il ne peut savoir à quel point, sans modifier définitivement son rapport à la fin, ni au début de l'année, cette décision va lui apporter une tout autre façon de les vivre et surtout de les penser. Elle semble dictée par ce que, dans son œuvre plus tardive, au quatrième livre du *Gai Savoir* (§ 277), il appellera sa « *providence personnelle* ». Elle le guide avec sa « *main insensée* » vers un lieu dans lequel il va découvrir, au moins une fois, l'occasion de vivre et de penser la nouvelle année en des termes philosophiques absolument nouveaux et originaux.

L'HIVER 1880-1881 marque son retour à Gênes, qu'il a laissée en mai 1877 et qu'il retrouve le 2 octobre 1880. Il va y passer de longs mois au cours de trois hivers successifs, jusqu'au printemps 1883. La maladie n'a pas relâché son étau. Mais sa situation va progressivement prendre un tour aussi favorable qu'inattendu.

Le jour de Noël 1880, il écrit à sa mère et à sa sœur :

> *Hier, j'étais couché dans mon lit et je songeais à la vie et j'en suis venu à la conclusion que bien des choses sont imparfaites et qu'on doit souvent serrer les dents : aussi devrait-on dire et faire un peu de bien, aussi souvent que cela se peut, de l'un à l'autre, afin qu'il sorte enfin au total quelque chose de la vie ! [...] Je suis très souvent malade, mais d'une humeur incomparablement meilleure que les autres années à la même époque. C'est quelque chose ! [...] Entrons donc paisiblement dans la nouvelle année, mes chéries ! Je ne sais pas ce qu'il en adviendra, je ne crois absolument plus à un changement substantiel de mon état, il faut attendre et supporter, sans qu'il faille pour cela perdre toute ardeur de vivre. Au contraire : que de bonnes choses vous arrivent qui ne sont pas encore là, et que demeure ce qui va bien ; c'est ce que je vous souhaite avec mon amour le plus sincère.*

Souffrant du froid dans cette ville de la *Riviera* italienne privée de poêle et de chauffage, il ne perd pas totalement espoir. Dans une carte postale envoyée à Köseltiz du 8 janvier 1881, il craint

> *dans cette nouvelle décennie [...] d'être à la fin de celle-ci encore plus isolé que maintenant (je le crains et en suis presque fier pour l'instant).*

Il ne peut évidemment pas imaginer dans quelle mesure il le sera à cette date, puisqu'il aura alors sombré dans la démence aux premières heures de 1889. Mais sa lettre à sa mère Franziska du 29 janvier 1881 montre qu'il n'a pas perdu tout espoir :

> *Puisse la nouvelle année te présenter un visage joyeux ! Et si elle offre un visage qui n'est pas différent de celui de l'année dernière, contentons-nous tous de cela ! Car, au fond, ma chère mère, tu disposes d'une convenable et honnête mesure de bien-être terrestre, comme je m'en convaincs avec plaisir à chaque visite. Nous ne croyons plus, les uns les autres, que le « bonheur » d'un jour n'arrive qu'au son des tambours et des trompettes. Chacun a sa* tâche *et doit s'y consacrer chaque jour, et s'activer de façon qu'elle* soit accomplie. *Et si elle est accomplie, on est de bonne humeur ; dans le pire des cas, on fait bonne figure, comme je le fais maintenant face au jeu malicieux de l'hiver.*

Cette lettre contient en outre deux éléments qui interrogent directement la question de la nouvelle année. D'une part, Nietzsche formule l'idée que le bonheur ne vient pas en fanfare, si l'on peut dire. Il ne suffit pas de hurler sa venue, ni de l'appeler bruyamment de ses vœux pour qu'il soit accessible, comme on le fait souvent aux premiers jours de l'année. Le bonheur est souvent discret et taiseux. Il ne prévient pas quand il arrive, mais, en général, on l'entend repartir et se retirer de notre vie. D'autre part, on trouve dans cette lettre une affirmation, constante dans son œuvre, sur la question du jour, que Nietzsche conçoit, à la manière ancienne des Grecs, comme l'unité de temps qui correspond à l'action humaine. Il ne s'agit pas simplement de dire qu'à chaque jour suffit sa peine. C'est d'abord en remplissant chaque jour de notre activité que nous accomplissons la tâche de vivre. Cela vaut pour tous les jours de l'année, et non pas simplement pour le premier d'entre eux.

Au cours de l'été qui suit, Nietzsche vit l'expérience intellectuelle la plus forte et la plus bouleversante de sa vie. Aux abords de Silvaplana, en Haute-Engadine, près d'un rocher qui porte aujourd'hui une plaque à son nom, il conçoit sa « *pensée la plus lourde* », sous la forme d'une vision de l'éternel retour de toutes choses. Elle va marquer la césure décisive de toute son œuvre philosophique. Ni doctrine, ni système, ni théorie, celle-ci va jouer le rôle de pivot de toute sa pensée à venir. Il conviendra d'en mesurer les conséquences pour son approche de la nouvelle année, en se demandant comme le retour de ce qui est déjà advenu peut se concilier avec la survenue de ce qui n'a pas encore eu lieu.

Mais, de nouveau, à la fin du mois de décembre 1881, le même scénario que les années précédentes semble se répéter. Comme si l'éternel retour du même était d'abord un fait existentiel pour lui. À Köselitz, il écrit, le 28 décembre 1881 :

> *Pour l'instant, je suis dans un état lamentable, je ne parviens pas bien à me remettre, la dernière crise a été trop rude (le 23 décembre). À Noël, j'étais alité et je pensais que la « pensée » me serait désormais interdite.*

Mais il ajoute aussitôt, dans la même missive :

> *Dois-je vous envoyer la partition pour piano de* Carmen *? Ou cela vous dérangerait-il ? Cette nuit, mon âme a erré parmi vos mélodies tirées de* Plaisanterie, ruse et vengeance, *et elle en a été très heureuse ! Quand me sera-t-il donné de les entendre, et* Le lion de Venise *par surcroît !! Forgeons des projets !*

Dans sa carte postale adressée à Elisabeth et à Franziska, le 28 décembre 1881, se fait jour la même ambivalence :

> *Mes chères, Je suis malade depuis le 23, j'ai connu une des crises les plus violentes, qui m'a fait réfléchir – et, pour le moment, je ne suis absolument pas rétabli, je me recouche tous les après-midi, malgré tout le beau temps. [...] Entrons courageusement dans la nouvelle année, confiant dans tout ce que l'ancienne a apporté de bon !*

Une autre carte postale à Franz Overbeck datée du 28 décembre 1881 laisse transparaître un regain d'espérance qui semblait impossible depuis longtemps :

> *[…] je suis tombé* malade *et, bien que je sois de nouveau debout, je me rétablis difficilement et je dois me mettre au lit tous les après-midi. […] puisse la nouvelle année rendre bien des choses meilleures qu'elles ne le furent cette année passée, et* m'améliorer *aussi moi-même un peu !*

Malade, Nietzsche ne cesse pas un instant de l'être. Mais son courage et sa détermination ne semblent plus entamés comme ils le furent au cours des années précédentes. Le désespoir ne le domine plus. Quelque chose se produit en lui. Tout redevient possible pour celui qui n'abdique pas. Quiconque a vécu des années difficiles, des moments d'abattement, des jours qui semblent privés de lendemain, sait de quoi il retourne. Nietzsche ne mesure pas encore combien il est proche de renaître. Tous les cycles nouveaux de l'existence ne s'annoncent pas avant de s'enclencher. Mais les appeler de ses vœux ne saurait nuire.

C'EST ALORS QUE, sous l'effet de divers facteurs, Nietzsche assiste à la modification de son état, qui, au lieu de suivre la pente habituelle d'une dégradation constante, se met brutalement à s'améliorer. Il y a d'abord cet opéra français qu'il vient de découvrir et qu'il va, au fil des ans, théoriser toujours un peu plus explicitement comme « son » antidote à l'hystérie des opéras wagnériens. Il s'en ouvre à Köselitz, le 5 janvier 1882 :

> Carmen *a vraiment, cet hiver, fait partie de mes « biens éphémères », et Gênes m'est devenue plus précieuse à cause de cet opéra. Votre lettre a une céleste couleur vénitienne ; je suis heureux de votre promesse de prendre* Venezia *pour épouse, – et pas seulement en* « mariage secret » [c'est le nom d'un opéra signé Köselitz].

Il s'attache donc à cette ville si particulière, ancienne république maritime, par amour pour une musique qu'il y a découverte. Du moins est-ce une des raisons qu'il a de l'apprécier. Car la clémence exceptionnelle du temps joue aussi un rôle essentiel dans l'attachement de cet homme du Nord venu depuis des années chercher la guérison au Sud. Il l'écrira dans une lettre à August Sulger du 15 novembre 1882 :

> *Ma santé me dit : « Va dans le Sud ! »*

Et, plus tard, en 1886, dans le paragraphe 255 de *Par-delà bien et mal* :

> *Un homme qui aime le Sud comme je l'aime, comme une grande école de guérison de l'esprit et des sens, comme une irrésistible plénitude solaire qui vient éclairer toutes choses, se répandre sur des êtres sûrs d'eux-mêmes, pleins de foi en eux-mêmes, un tel homme, dis-je…*[1]

En attendant, voilà ce qu'il écrit à Ida Overbeck, le 19 janvier 1882 :

> *Le temps, ces derniers mois, fut tel que, de toute ma vie, je ne puis rien mettre en comparaison de plus magnifique et de plus bienfaisant – frais, pur, doux : combien d'heures ai-je passées, allongé au bord de la mer ! Combien de fois ai-je assisté au coucher du soleil ! Chère madame le Professeur,* « communs sont les biens entre amis », *disaient les Grecs*[2] *: puisse la vie nous octroyer encore nombre de ces biens partagés ! – c'est ce que j'ai pensé en lisant votre lettre.*

Sous le soleil de Gênes, Nietzsche semble donc renaître, reprendre peu à peu goût à la vie et, enfin, sentir l'étau de la maladie se desserrer, en lui permettant à nouveau de jouir d'instants de pur bien-être physique et moral. C'est une expérience à laquelle il a peine à croire à nouveau. C'est pourquoi il ne songe qu'à la partager avec des « amis », en l'occurrence ici la femme de son complice Franz Overbeck.

Dans ses œuvres, Nietzsche souligne à maintes reprises l'importance de ce qu'il appelle les réalités ou les choses les plus proches (*die nächsten Dinge*)[3], comme l'alimentation ou le climat. Il est clair que chez un être aussi sensible et soumis à des humeurs aussi variables, la donnée météorologique joue un rôle essentiel. La lumière du soleil, la douceur du vent et la température de l'air

1. Cf. *OPC*, volume VII, traductions de Cornélius Heim, Isabelle Hildenbrand et Jean Gratien, Gallimard, p. 176
2. Formule d'inspiration pythagoricienne selon Diogène Laërce, *Vies et doctrines des philosophes illustres*, VIII, X, traduction, notice et notes de Robert Genaille, GF, tome II, p. 123.
3. Cf. *Humain, trop humain*, « Le Voyageur et son ombre », in *OPC*, volume III, tome 2, traduction de Robert Rovini, édition revue par Marc B. de Launay, Gallimard, p. 185.

contribuent grandement à déterminer l'état psychique et moral de celui qui vit constamment au pays des idées et qui, de surcroît, souffre presque tous les jours de sa vie des désagréments et des crises que son corps subit. Alors, quand le temps est au beau fixe, que l'année nouvelle s'ouvre sous un ciel clément, tous les espoirs semblent à nouveau permis. Il y a des soleils qui se lèvent parfois à l'intérieur de nous. Ils viennent jaunir nos cartes de vœux de façon aussi propice qu'inattendue.

Mais ce n'est pas tout. L'horizon s'éclaircit aussi du côté de ses lecteurs. Par une singulière ironie géographique, c'est de Baltimore, future ville jumelée avec Gênes au siècle suivant, qu'il reçoit une première reconnaissance internationale de son œuvre. Elle a pour lui une tout autre valeur que les quelques recensions de ses écrits qui ont déjà paru dans la presse prussienne et helvétique de son temps. Elle précède aussi l'accueil chaleureux et plus bruyant que lui accordera le Danois Georg Brandes, premier universitaire à donner des cours sur ses œuvres en Europe, au Danemark, au cours des années 1880[1]. C'est à Köselitz que, le 17 janvier 1882, il fait part de sa joie :

> *L'année nouvelle a apporté d'Amérique un « hommage écrit » signé de trois personnes (dont un professeur du* Peabody Institute *de Baltimore).*

Au même Köselitz, le 25 janvier, il peut déclarer quelque chose qui aurait semblé totalement impossible quelques mois plus tôt :

> *Ce janvier est le plus beau de ma vie. Mais il n'a duré que vingt et un jours !*

Et encore, le 29 janvier, avec la même emphase et le même optimisme :

> *Ô quelle époque ! Ô ce miracle d'un beau janvier ! Soyons de belle humeur, très cher ami !*

---

1. De son vrai nom Morris Cohen (1842-1927), ce critique littéraire danois fréquenta un temps le salon parisien très couru de Madame Arman de Caillavet.

Le même jour, entre deux regrets à propos de Wagner et du fait que ce dernier devrait le traiter comme un hôte de marque, comme il le répète dans une carte postale à Elisabeth du 30 janvier, il ne dit pas autre chose à Overbeck :

> *Avez-vous de votre côté un printemps comme le nôtre ? Les vrais « miracles de saint Janvier » !*

Le mot miracle peut sembler étrange sous la plume de celui qui s'apprête à proclamer la mort de Dieu[1]. N'y a-t-il pas là le signe emphatique et hyperbolique d'une altération du jugement chez celui qui le prononce, qui plus est à diverses reprises ? Qu'a donc de miraculeux ce mois de janvier, au-delà de ses valeurs météorologiques particulièrement clémentes et favorables ? Si l'on entend par miracle non l'effet d'une intervention divine, mais un fait dont le caractère extraordinaire et exceptionnel suscite en nous l'admiration et l'émerveillement, le terme n'est pas trop fort. Comme un remède ou un produit peut avoir sur un être un effet miracle, selon l'expression consacrée, c'est le caractère inattendu et efficace du processus qui justifie l'usage du mot. Or, c'est bien ce qui se produit pour Nietzsche, dans une étonnante synchronisation avec l'apparition de l'année nouvelle. On comprend ainsi, à la lumière de tout ce qu'il a vécu jusque-là, la reconnaissance qu'il en éprouve.

Comme chaque année à la même période, le mois de janvier fournit à Nietzsche l'occasion d'un bilan de son existence, qu'il livre dans une lettre à Franziska du 30 janvier 1882. Celle-ci est porteuse d'une joie exceptionnelle et d'un enthousiasme inédit pour lui à ce moment de l'année :

> *Ma chère mère, Les années passent, l'une toujours plus rapide que l'autre. On apprend finalement par cœur le jeu de la vie – on finit par l'avoir « au bout des doigts », comme disent les pianistes ; c'est pour cette raison que ça passe si vite ! Moi-même, je le remarque déjà, et tu*

1. Cf. *Le Gai Savoir*, § 108 et 125.

> *le remarqueras toi aussi à plus forte raison ! Et, comme à moi, ce ne sont pas des vœux que l'on t'offre pour ton anniversaire ; préserver ce que l'on a est l'exercice principal de la vie âgée, et savoir en quoi on est privilégié par rapport à tant de personnes, notamment à toutes les personnes insatisfaites ! L'année t'offre un visage joyeux ; veillons ensemble à ce que, nous aussi, nous te donnions des raisons d'être joyeuse et d'apprécier la vie ! À l'instar de ce janvier, le plus beau de tous !*

Ce temps superbe lui offre une forme d'accalmie après des années de désespoir et de souffrances en tous genres. Mais il travaille toujours jusqu'à l'épuisement. Sa misère matérielle ne s'est pas dissoute dans les chaleurs génoises. Il souffre des dents, de la vessie et encore de ses yeux. Il endure tous ses maux en espérant voir Sarah Bernhardt sur scène et pouvoir admirer le grand théâtre Carlo Felice, avec ses trois mille places. À sa mère, il écrit le même jour :

> *Et* un travail intellectuel régulier jour après jour*, à des heures déterminées, demeure le plus sûr moyen de me faire périr sans y prendre garde. « Sans y prendre garde » – cela veut dire que vient un jour où je remarque que je vais très mal et qu'il n'est plus possible de me rétablir par quelques jours de repos.*

Ambivalence du travail, à la fois remède et poison !

Mais, comme toujours avec Nietzsche, cela ne dure pas. Sa santé ne se stabilise qu'un bref moment. De retour dans son appartement de la *Salita delle Battistine* n° 8, *interno* 6, au cœur de Gênes, les crises reprennent en février. La publication en août de la même année du *Gai Savoir* ne lui fera pas totalement oublier leur cruel retour, même si leur intensité semble moindre qu'au cours des années précédentes, notamment lors du terrible hiver 1879-1880, où il s'est cru plus proche que jamais de la mort.

La vie joue parfois de ces tours macabres. À peine se croit-on tiré d'affaire que déjà les difficultés resurgissent et nous assaillent avec plus de cruauté et d'acharnement encore. Un an plus tard, il ne reste quasiment plus rien des « *miracles de Saint-Janvier* ». Ils se sont comme évanouis. Les lettres de la période de la fin d'année 1882 et du début de la suivante portent la trace de cette absence. Alors qu'il a quitté le centre-ville de Gênes pour se réfugier un peu plus loin sur la côte ligure, du côté de Rapallo, dans un logement où il se plaint à nouveau de souffrir affreusement du froid, il écrit à Franz Overbeck, le 20 décembre, qu'il vit à « *l'école des émotions* ». Et il ajoute quelque chose qui n'est pas sans rappeler ses lamentations des hivers antérieurs :

> *Chaque matin, je désespère de savoir si je survivrai à la journée qui commence. Je ne dors plus ! À quoi sert de marcher 8 heures par jour ! D'où viennent ces émotions violentes ! De grâce un peu de glace !*

Il reconnaît au passage avoir absorbé

> *par* désespoir *une* incroyable *dose d'opium.*

Ce qui n'arrange rien à son état. Mais il faut reconnaître que l'année écoulée, après avoir tellement bien commencé, s'est déroulée d'une manière si contrastée et au final si douloureuse dans ses effets les plus récents que le recours à des opiacés puissants résulte presque mécaniquement d'un état désespéré qui n'échappe pas au principal intéressé. Voyons pourquoi et comment.

L'année 1882 n'a pas seulement débuté avec un mois de janvier divin et miraculeux. Elle a aussi été marquée par une rencontre extrêmement chargée en émotions avec une certaine Lou von Salomé, une jeune créature appelée à un brillant avenir intellectuel, notamment auprès de Freud et de Rilke. Il a noué avec cette jeune Allemande d'origine russe, aussi douée qu'insaisissable, une relation totalement platonique, avant d'essuyer, non sans précipitation et maladresse, plusieurs refus à ses demandes en mariage. Son échec cuisant, aux plus belles heures de l'été romain passé en compagnie de l'ami et rival Paul Rée, le ramène vers des états mélancoliques et douloureux dont il n'a pas besoin à cette période de l'année. Les miracles génois de Saint-Janvier n'en laissaient pourtant guère présager la violence. Conscient qu'il est avec elle dans une situation de non-retour, il ronge son frein en fulminant le « *système de défense de Lou* », qu'il voit tantôt comme un « *ange méconnu* » et tantôt comme un « *âne méconnu* ». À celle-ci et à Paul Rée, son ancien ami, il déclare le 20 décembre :

> *Surtout dites-vous bien tous les deux que je suis finalement un homme à moitié fou qui souffre de migraines, et que la solitude a définitivement égaré.*

Un brouillon de lettre à Rée daté de la dernière semaine de décembre 1882 nous éclaire sur son état d'esprit du moment au sujet de Lou :

> *Elle m'a dit elle-même qu'elle n'avait pas de morale – et j'ai cru qu'elle avait comme moi une morale plus rigoureuse que quiconque ! Et qu'elle sacrifiait chaque jour et chaque heure une part d'elle-même.*

Dans sa correspondance de la même période, Nietzsche décrit Lou comme un « *escroc moral* ». Il se défend d'être mégalomane.

Celui qui n'a pas dans ses œuvres de mots trop durs pour la morale ne peut à l'évidence pas s'en passer dans sa vie personnelle. Lui qui se montre si perspicace et si tranchant dans ses écrits s'est montré d'une naïveté confondante dans ses actes, aveuglé qu'il a été par les feux trompeurs de l'amour. Mais le tort subi dans cette affaire a un autre effet regrettable. Il le brouille momentanément avec sa famille, avec laquelle il communique ordinairement à cette période de l'année de façon chaleureuse et fréquente. Au silence radio qui prévaut entre eux, il échappe en écrivant à son fidèle ami et soutien Franz Overbeck. Dans un brouillon de lettre du 25 décembre, il fait l'aveu suivant :

> *Cher ami, Cette tranche de vie a été la plus dure que j'ai connue jusqu'à maintenant : il est encore possible que j'en étouffe.*

Privé de sommeil et se sentant traité comme un étudiant par Lou, il lui écrit finalement le même jour :

> *Si je ne trouve pas le secret d'alchimiste qui me permettra de transformer cette boue en or, je suis perdu. – Je tiens la plus belle occasion de démontrer que* « tous les événements me sont utiles, tous les jours saints et tous les hommes divins » *!*

Cette citation d'Emerson, que n'aurait pas reniée Baudelaire, il a choisi de la placer en exergue à la première édition du *Gai Savoir*. Puis, il ajoute :

> *Mes rapports avec Lou ont atteint leur stade ultime, le plus douloureux : telle est tout au moins ma conviction présente.*

Et enfin :

> *La* pitié, *mon cher ami, est une sorte d'enfer – quoi que puissent en dire les adeptes de Schopenhauer.*

Au même Franz Overbeck, le 31 décembre 1882, il offre un de ces bilans de fin d'année dont il a le secret :

> *La* tension *incroyable qui m'a permis de surmonter ces dix dernières années de douleur et de renoncement se venge dans des occasions comme*

> *celles-ci ; de ce fait, je suis devenu une machine, excessivement, et le danger n'eſt pas mince qu'avec des mouvements aussi brusques le ressort ne* casse.

Se plaignant du froid qui règne à Gênes cette année-là et de l'absence de poêles dans une ville pourtant cossue, il poursuit en évoquant les miracles de l'an qui vient de s'achever, en insistant sur ce qui fait la singularité de son être :

> *C'eſt que je ne suis ni esprit ni corps, mais quelque chose d'autre. Je souffre toujours par le tout et tout entier. – Et maintenant que va-t-il se passer ? Au fond, c'eſt le dépassement de moi-même qui eſt ma plus grande force : en songeant récemment à ma vie, je me suis dit que je n'ai rien fait d'autre jusqu'à présent. Même mes « réussites » (surtout depuis 1876) doivent être placées dans la perspective de l'ascèse, qui n'eſt évidemment pas chez l'un ce qu'elle eſt chez l'autre.* « Sanctus Januarius » *aussi eſt le livre d'un ascète – chère madame le professeur Overbeck ! Salutations chaleureuses, Ton F.N. Et vive le Nouvel An – pour ne rien dire de l'ancien ! Saint-Sylveſtre 1882 (ce chiffre me fait frémir).*

Jamais sans doute le lien entre ses œuvres publiées et sa vie la plus intime n'a-t-il été aussi étroit et fort que dans ces lignes qui recoupent en filigrane celles du début du quatrième livre du *Gai Savoir*, qui appelle un commentaire détaillé que nous produirons plus loin[1].

Le passage à la nouvelle année est une fois encore douloureux. Il livre ses états à Mawylda von Meysenburg dans une lettre du 1er janvier 1883, en la priant d'y lire les « *errances de [son] ami Ulysse* » :

> *Amie très honorée, Je me relève tout juſte d'une attaque extrêmement douloureuse de mes maux, avec laquelle j'ai « fêté le Nouvel An » : c'eſt alors que je trouve votre lettre et votre ancienne bonté ! Ne me tenez pas rigueur de mes récents gémissements (d'ailleurs, personne n'a besoin de connaître mes ennuis).*

Dans ce cadre assombri par le retour des mêmes affects tristes, il se félicite néanmoins d'un fait qui concerne la réception de

1. Cf. *infra*, notre troisième partie, « *Oui dire. Philosophie de l'affirmation* », p. 173-238.

ses œuvres auprès de Heinrich Köselitz, dans une lettre du 10 janvier 1883 :

> *Lisez donc le numéro de novembre de la revue mensuelle de Schmeitzner. Il contient un article sur* Le Gai Savoir, *signé d'une plume*[1] *qui m'est inconnue. Pas mal ! Pour la première fois depuis six ans, j'ai lu* sans nausée *quelque chose me concernant.*

Mais il confie à Franz Overbeck, le 20 janvier 1883, un nouveau bilan des années écoulées. Il fait son autocritique et revient sur le sens et la portée de son enthousiasme du mois de janvier précédent, aujourd'hui si lointain. Il semble attendre toujours quelque chose de sa propre personne, en écartant tout motif de désespoir lié aux seuls aléas des circonstances extérieures, et se prend à rêver à voix haute de l'Espagne, où il ne se rendra jamais :

> *Cela ne va pas du tout, et le mieux serait que je n'en parle pas. Je compte déménager de Gênes au commencement de février, j'habiterai la même maison où j'ai passé l'hiver dernier. Je n'aurai pas de poêle – ici aussi je n'en ai pas. J'ai gelé cet hiver comme jamais encore ; jamais non plus je n'ai si mal mangé. D'ailleurs, ma santé baisse* beaucoup. *Je comprends maintenant quelle fut la valeur de la misanthropie pour tous les solitaires. Par malheur, ma nature réclame juste le contraire. Je voudrais aussi posséder une foi inébranlable en moi-même, mais j'y suis encore moins préparé. Pour cela, je suis bien trop souvent malade : tout changement de temps, tout ciel maussade provoque en moi une* forte angoisse. *Le temps qu'il a fait cet été en Allemagne et cet hiver ont été pour moi la pire des calamités qui pouvaient me toucher au plan physique. Au fond,* Le Gai Savoir *n'était pour moi qu'une manière débordante de me réjouir d'avoir eu un mois entier de* ciel bleu au-dessus de ma tête. *C'est que la maladie vous rend très modeste et d'une* reconnaissance *exagérée, ce qui fut aussi beaucoup trop souvent mon cas à d'autres égards l'an dernier. Le bilan moral de ces « vilaines années » se résume comme suit : cent fois et dans les doses les plus diverses, on m'a fait avaler le même poison, celui du « dédain », allant de l'indifférence blessante jusqu'au plus profond mépris. Cela a provoqué en moi un état qui ressemble aux suites d'un empoisonnement au phosphore : vomissements continuels, maux de tête,*

1. Il s'agit d'un certain Ernst Wagner.

> *insomnies, etc. Des années durant, je n'ai rien vécu qui venait* de l'extérieur ; *mais, l'an dernier, j'ai beaucoup subi, et toujours les mêmes choses, hélas ! C'est pourquoi j'ai tant de peine à m'en débarrasser. Mais je* ne *m'accorde* pas *encore le* beneficium mortis, *je veux encore quelque chose de moi, et je ne dois pas me laisser entraver par le mauvais temps ou par une mauvaise réputation. L'Allemagne m'est désormais néfaste : le genre d'êtres que je respecte dans ce pays est précisément celui qui éprouve à mon égard le plus grand éloignement ; et les Allemands sont si maladroits dans leurs aversions qu'ils manquent immédiatement de tact et de politesse. Quand j'étais étudiant, on m'a témoigné plus de considération que l'an dernier. Ainsi, je ne sais plus à quel saint me vouer. Si je connaissais au moins quelqu'un qui voulût m'accompagner en Espagne. C'est le pays d'Europe où les probabilités de ciel pur sont les meilleures.*

Le début de l'année est marqué par son souhait de quitter Gênes. Il le redit quelques semaines plus tard à Köselitz, le 1er février 1883. Dans la même lettre, il annonce un écrit consacré à Zarathoustra comme

> *[s]a meilleure production.*

À ce sujet, il affirme :

> *En l'écrivant, je me suis ôté de l'âme une lourde pierre. Je n'ai rien fait de plus sérieux, ni de plus enjoué. Je souhaite de tout cœur que cette* couleur, *qui n'a même pas besoin d'être mélangée, colore toujours davantage ma nature.*

Le titre du livre n'est encore annoncé qu'au conditionnel. Il voit dans ce fils de janvier l'occasion de se questionner encore :

> Où *est notre place à présent ? – Félicitons-nous de ce qu'il nous est permis de nous poser une telle question !*

À Franz Overbeck, le 1er février 1883, il claironne qu'il est en train d'écrire son meilleur livre et croit pouvoir dire :

> *Ma santé s'améliore de nouveau.*

Au même, il écrit encore, le 10 février, de Rapallo :

> *Ma vie entière s'est décomposée sous mes yeux : toute cette vie étrange et inquiète, tenue secrète, qui fait un pas tous les six ans et qui ne veut pas*

> *vraiment autre chose que ce pas : alors que tout le reste, que toutes mes relations humaines ont affaire à un masque de moi-même et que je suis nécessairement la victime continuelle d'une vie entièrement secrète. J'ai toujours été exposé aux hasards les plus cruels – ou plutôt : c'est moi qui ai transformé tous les hasards en autant de cruautés. Ce livre dont je t'ai parlé,* une affaire de dix jours, *je crois maintenant qu'il constitue mon testament. Il contient un portrait extrêmement précis de ce que je serai dès que je me serai débarrassé de tout fardeau. C'est un poème et non un recueil d'aphorismes.*

Il décrit celui-ci, dans un courrier du 11 février à son éditeur Schmeitzner, comme un « *pas décisif* » et comme son « *cinquième* "Évangile" ». Une lettre à Köselitz du 19 février le présente à son correspondant comme une « *victime d'un cataclysme de la* nature ». Il craint que « *la vieille Europe diluvienne fini[sse] par [l]e tuer* » et appelle de ses vœux les « *hauts plateaux du Mexique* ». Mais c'est pour reconnaître aussitôt qu'il n'a pas la force de voyager seul pour un tel périple. Il le peut d'autant moins qu'il apprend quelques jours plus tard par un télégramme, que vient confirmer le journal *Caffaro,* la mort de Richard Wagner. Le « *maître le plus vénéré* » vient de s'éteindre au palais Vendramin à Venise, le 13 février 1883. Nietzsche n'a pas seulement perdu un ami. C'était déjà le cas depuis longtemps. Il a perdu son meilleur ennemi, dont les mots étaient devenus si blessants, par correspondants interposés, après avoir été si élogieux et si suaves au temps des escapades à Tribschen. Au-delà de la belle et immorale Lou, c'est une perte d'un tout autre genre qu'il lui faut essuyer désormais. Une page se tourne définitivement en lui. Aucune réconciliation ne peut plus être souhaitée, ni regrettée entre ces deux-là. Les hostilités publiques n'éclateront vraiment au grand jour qu'en 1888, avec *Le Cas Wagner* et *Nietzsche contre Wagner,* qui n'excluront pas une proximité et un attachement persistants jusque dans la critique la plus féroce.

Nietzsche, toujours malade, ouvre alors un nouveau cycle de son existence. On le retrouve, pour cinq hivers, entre décembre 1883 et le début de l'année 1888, dans une autre ville à l'attrait de laquelle il reconnaît avoir longtemps résisté, mais que son ensoleillement record et bien supérieur à celui de Gênes (« *école de rudesse et de simplicité* ») a fini par attirer : Nice[1]. Il y écrit à Franz Overbeck, le 24 décembre 1883 :

> *De toutes les bonnes choses que j'ai trouvées, c'est la « gaieté de la connaissance » que je tiens le moins à abandonner ou à perdre, contrairement aux soupçons que tu commences peut-être à avoir. Avec mon fils Zarathoustra, il me faut désormais monter vers une gaieté* beaucoup plus haute *que tout ce que j'ai pu exprimer avec des mots jusqu'à présent. Le bonheur que j'ai représenté dans* Le Gai Savoir *est essentiellement celui d'un homme qui commence à se sentir mûr pour une grande tâche et qui cesse de douter de son droit à la réaliser. Fais-moi donc l'amitié de relire la page 194 et le poème de la page suivante ; d'ailleurs, le livre entier est plein de passages qui disent ceci :* « L'heure est arrivée ! Donnons-nous encore une petite fête auparavant, en chantant et en sautant ! »

Dans la même lettre, il hasarde une explication rétrospective sur sa vie au cours des deux années écoulées :

1. Cf. Patrick Mauriès, *Nietzsche à Nice*, Gallimard, 2009.

*Le singulier malheur de l'année dernière et de l'année précédente résidait, à strictement parler, dans le fait que je croyais avoir trouvé quelqu'un qui avait exactement la même tâche que moi. Sans cette croyance prématurée, je n'aurais pas tant souffert et ne souffrirais pas autant que je l'ai fait et que je le fais, d'un sentiment d'*isolement.

À Franziska et à Elisabeth, il confie le lendemain qu'il est à nouveau très malade, qu'il gèle littéralement la nuit. Mais il dit aussi à quel point il admire le beau temps le jour. Il avoue toutefois avoir été très mal depuis un an. Il dit aussi son besoin de vivre caché. Puis, il se mure dans le silence jusqu'au 18 janvier 1884. Il rédige alors, d'une seule traite, la troisième partie d'*Ainsi parlait Zarathoustra*. Il reprend aussitôt la plume de sa correspondance pour annoncer les fruits de son travail à son éditeur Ernst Schmeitzner, depuis la Pension de Genève située au cœur de Nice, dans la petite rue Saint-Étienne :

Une bonne nouvelle ! Ou plutôt la meilleure qui puisse être, de mon point de vue : mon Zarathoustra est achevé – il reste à le copier – il reste à l'imprimer. L'année passée, je n'avais plus escompté que la tâche monstrueuse qui consistait à donner une conclusion aux deux premières parties se trouverait accomplie cet hiver (en quelques semaines, pour dire la vérité). Je suis heureux, et comme déjà souvent dans ma vie, je me suis moi-même « surpris ».

Cette œuvre est pour lui unique dans sa production. Pas seulement par ce qu'elle est fille de (divers mois de) janvier. Mais parce qu'il y voit un repère philosophique qui fera date, un texte qui ouvre une époque nouvelle, comme il le dit non sans emphase, le 29 février, à Gast, qui lui répond :

Ce Zarathoustra ! On a l'impression qu'il faudrait dater de lui une ère nouvelle. Un jour, on vous honorera et devra vous honorer comme on honore les fondations des religions asiatiques, et d'une manière moins asiatique, espérons-le !

Dans un élan d'enthousiasme, Nietzsche confirme son intuition à Overbeck, un peu plus tard :

> *Je ne sais comment j'en arrive là – mais il se peut que, pour la première fois, me soit venue la pensée qui coupe en deux l'histoire de l'humanité.*

Cette image reviendra souvent sous sa plume jusqu'à ses toutes dernières œuvres.

L'hiver suivant est consacré à la rédaction de la quatrième partie du livre. Il est aussi marqué par le projet de mariage de sa sœur Elisabeth avec le propagandiste antisémite Bernhard Förster. Dans une lettre à Franziska et à Elisabeth du 21 décembre 1884, qu'il signe « *Votre prince Friedrich* », il l'évoque sans le nommer et sans le rejeter encore :

> *Voici une petite lettre de Noël ! Il est bien regrettable que nous ne soyons pas réunis joliment autour d'un sapin de Noël – envoyer des cadeaux ne marche pas, à cette distance. [...] Et puisse la nouvelle année apporter de bonnes choses et ce que nous désirons, y compris celui qui est désiré.*

Nietzsche n'a pas cessé manifestement d'être sensible à la magie de Noël, comme le montre cette lettre écrite par un homme de quarante ans passés et, qui plus est, par un philosophe qui cède rarement dans ses écrits à la sensiblerie. Une remarque est particulièrement frappante : Noël est avant tout l'occasion d'une réunion qui n'a de sens et de valeur pour lui que si elle se produit entre des êtres qui se rencontrent effectivement. C'est tout autre chose qu'un simple croisement postal de cadeaux, qui n'opère pas, au sens où l'on parle d'une chose qui accomplit pleinement et avec succès l'opération à laquelle elle est naturellement vouée. La notion d'« *intimité confortable* » n'a pas trouvé d'écho théorique. Mais elle reste d'une actualité vécue intacte sur le plan pratique.

Le 22 décembre, il déclare à Overbeck avoir échoué à trouver un logement à Menton. Il loue les bienfaits de Nice, non pour la ville, qu'il juge affreuse, mais pour son air pur et son ciel bleu. De manière générale, l'hiver 1884-1885 confirme un état maussade et le retour de la maladie. Nietzsche est souvent accompagné du jeune Paul Lansky, un admirateur zélé qui l'agace parfois un peu. Il prépare la publication de la dernière partie d'*Ainsi parlait Zarathoustra*, puis celle de tous ses livres déjà édités et qui sont agrémentés de nouvelles préfaces, pour faire peau neuve avant celle de son dernier titre : *Par-delà bien et mal*. Le fonds a été racheté par un nouvel éditeur, Fritzsch, qui a le mérite de ne plus être associé à Wagner, ni aux antisémites de son temps, comme c'était le cas du précédent, Ernst Schmeitzner. Ses rares lettres de janvier adressées à sa mère et à sa sœur font état de douleurs persistantes, notamment aux yeux, qui le font souffrir horriblement. Le 14 janvier, il reconnaît lui-même le caractère chronique et récurrent de ses souffrances chaque année à la même période. Mais il ne fournit pas de réelles explications à ce fait incontestable.

L'hiver 1885-1886 est marqué par son souhait de retourner passer les fêtes de fin d'année à Naumburg. Il y renonce très vite : il n'en a pas la force. Il travaille d'arrache-pied à l'ajout d'un cinquième livre au *Gai Savoir* et à la rédaction de ses nouvelles préfaces. Il retrouve en partie le sommeil et déclare même à Ovebeck, le 9 janvier, avoir beaucoup à souhaiter pour cette année nouvelle. Il n'en exprime cependant qu'une part très réduite à des correspondants qui se raréfient. Sa tâche d'écriture l'absorbe trop pour qu'il y consacre davantage de temps. Sans doute aussi en éprouve-t-il moins le besoin.

Cette sobriété se confirme les années suivantes. Entre la fin de l'année 1886, après un séjour ligure à l'automne à Ruta di Camogli pour finir *Le Gai Savoir* et préparer ce qui deviendra *La Généalogie de la morale*, et le début de l'année 1887, il découvre avec beaucoup d'intérêt Dostoïevski. Mais il a trop froid. Il se plaint, dans toutes ses lettres de cette période, de ses « *doigts tout bleus* ». Une carte postale adressée à Overbeck, le 4 janvier, dresse un bilan sommaire des années écoulées en matière de logement. Entre Nice et Gênes, il a vécu dans pas moins de vingt et un appartements au cours de sept hivers ! Il trouve l'île de

Tenerife attirante, mais en repousse l'idée en raison de son air trop humide. Il esquisse une étude comparée entre Pau, Pise et Palerme. Il songe au même air humide que ces villes offrent et qui semble favorable à certains êtres. Il n'adresse aucun vœu, mais tout juste quelques salutations. Mais une carte postale à Overbeck du 9 janvier lui donne, au détour d'une invective contre Platon, qui est présenté comme « *le plus grand malheur de l'Europe* », l'occasion de condenser sa situation et son état en termes chromatiques : doigts bleus, montagnes blanches, pensées noires !

S'il projette d'écrire à sa mère, il ne lui adresse cette fois aucun vœu. Elisabeth est quelque part dans son Paraguay. À Overbeck, il déclare, pensif, le 12 janvier :

> *Si j'avais seulement le courage de penser tout ce que je sais…*

Au même moment, le 23 février, il peut tout de même écrire :

> *Cet hiver me fait du bien, en tant qu'intermède et que regard vers le passé. Incroyable ! Ces quinze dernières années, j'ai mis sur pied toute une littérature et l'ai finalement « achevée » avec des avant-propos et des ajouts, au point que je l'ai considérée comme* détachée *de moi, – que je peux rire d'elle, comme au fond je ris de toute fabrication de littérature. Tout compte fait, je n'y ai consacré que les années les plus misérables de ma vie.*

Un peu plus tard, il se brouille avec son vieil ami Erwin Rohde en mai. Plus jamais il ne parviendra à se réconcilier avec lui, malgré ses efforts. Il fulmine surtout contre l'antisémitisme de son affreux beau-frère et contre ses délires d'aryen. Se sentant incompris et blessé, il choisit de faire la sourde oreille à tout ce qui vient de ses proches. Elisabeth sort de son jeu. Il ne lui écrira plus à Noël, ni pour la nouvelle année. Cette prise de distance contribuera à son isolement ultérieur. On peut imaginer qu'elle a dû lui coûter, même si elle ne souffrira aucune remise en cause.

L'HIVER 1887-1888 EST LE DERNIER que Nietzsche traverse dans un état lucide. Il correspond à son ultime passage conscient d'une nouvelle année. C'est aussi son dernier hiver niçois.

Dans une lettre à Georg Brandes du 2 décembre 1887, dans laquelle il se déclare « *aux trois quarts aveugle* », il félicite celui-ci pour « *le mot le plus judicieux* » qu'il ait « *lu à propos de [lui]* ». Il y reprend une formule latine qu'il continue de s'appliquer à lui-même : « *bene vixit, qui bene latuit* », qu'on peut traduire par « *il a bien vécu celui qui est bien caché* ». C'est une vieille habitude chez lui, qui remonte à ses premiers séjours à Gênes au début de la décennie dont il ne verra pas la fin de façon consciente. La sagesse qui s'exprime dans cette sentence ancienne semble contredire la pensée commune qui, surtout en période de fêtes, associe le bonheur à la réunion des individus et à l'opportunité qui est donnée ou au contraire refusée de partager d'abord des cadeaux en famille, puis des vœux en société. Mais Nietzsche se passe désormais volontiers des uns et des autres. Il laisse cela à ceux qui éprouvent le besoin de se rassembler et de se montrer. Lui préfère demeurer caché et absorbé par les seules exigences de sa tâche. Il décide de n'accepter aucun signe venant de l'extérieur, sinon de ceux qui comprennent le sens de ses œuvres.

À la même époque, Nietzsche prend définitivement ses distances avec tous les antisémites et avec son beau-frère. Il se déclare lui-même « *anti-antisémite* ». Il a des mots très durs pour sa sœur Elisabeth. Il n'écrit à personne pour Noël et travaille à la « *volonté de puissance* », avant d'en abandonner le projet. Le 3 février 1888, il écrit à Overbeck :

> *Je suis actuellement en pleine activité ; et les contours d'une tâche, sans aucun doute monstrueuse, qui se tient désormais devant moi, sortent de plus en plus distinctement de la brume. Il y a eu des heures sombres ; il y a eu entre-temps des jours et des nuits entiers où je ne savais plus comment vivre, et où j'étais envahi par un noir désespoir, que je n'avais encore jamais éprouvé jusqu'ici.*

Cette tâche, c'est la « *transvaluation de toutes les valeurs* ». Elle va le conduire à s'opposer à la morale et au christianisme avec une extrême virulence dans ses ultimes œuvres rédigées à l'automne 1888. Comme une vendange de septembre. Il est alors, sans le savoir, en route vers ses dernières fêtes de fin d'année.

Après un premier séjour au printemps 1888, Nietzsche arrive à Turin à l'automne de la même année. Il y rédige coup sur coup certains de ses plus grands livres, comme *Crépuscule des idoles* et *L'Antéchrist*. Mais l'idylle turinoise est brutalement interrompue par son effondrement dans les premiers jours de janvier 1889, sur le pavé de la rue Carlo Alberto. Dans son logement loué au pharmacien Davide Forio, il brutalise la nuit, à demi-nu, le piano du salon dans des improvisations endiablées[1]. Il est méconnaissable. On a beaucoup écrit sur cet épisode. Au point d'en faire un objet de fables et de romans. On a imaginé Nietzsche se jetant au cou d'un cheval frappé par son cocher, sans que ce fait puisse être attesté[2]. Il ne s'agit pas non plus de le contester.

---

1. Cf. Anacleto Verrechia, *La Catastrofe di Nietzsche a Torino*, Prefazione di Vittorio Sgarbi, Tascabili Bompiani, 2003.
2. Cf. Milan Kundera, *L'Insoutenable légèreté de l'être*, Gallimard, folio, 2015 (1984), p. 432 ; Pierre Klossowski, *Nietzsche et le cercle vicieux*, chapitre « L'euphorie de Turin », Mercure de France, nouvelle édition, 1990.

Le 25 décembre, après des mois d'une prodigieuse activité créatrice, Nietzsche est dans un état de très grande agitation. Ses courriers commencent à émettre des signes de confusion. Leur ambiguïté ne manque pas de frapper. Elle ne vaut pas encore preuve d'égarement total. Entre le 25 décembre 1888 et le 2 janvier 1889, on peut admettre une manière de percevoir la réalité et les personnes sinon bouleversée, du moins très altérée. À partir du jour suivant, tout bascule, même si Nietzsche continue de remercier ses correspondants pour telle lettre ou pour l'envoi d'une somme d'argent, comme c'est le cas avec son ami et plus fidèle soutien Franz Overbeck. C'est lui qui, quelques années plus tard, sauvera *L'Antéchrist* des griffes d'Elisabeth et du piège des Archives de Weimar. Et qui refusera obstinément d'y être associé d'une quelconque façon.

Le plus frappant dans ses lettres chargées de grandiloquence, c'est qu'elles ne comptent plus aucune mention à de quelconques vœux. Comme si leur auteur ne savait plus à quelle période il les écrivait et se trouvait privé de tout rapport à un quelconque présent. Comme si, surtout, il ne pouvait plus se projeter vers aucun avenir. Cet enfermement dans le présent, c'est peut-être le signe le plus inquiétant de son état. Il n'écrit même plus les quelques lettres amicales, tantôt plaintives, tantôt laudatives, qu'il avait pris l'habitude, depuis près de deux décennies, d'adresser au cercle de ses proches et de ses amis. Ni Noël, ni le Nouvel An ne sont plus l'occasion d'un quelconque mouvement festif identifiable. Sa sœur est au fond de son Paraguay pour l'aryaniser en compagnie de son mari, qui répand sa haine antisémite dans une improbable colonie de consanguins pangermanistes. Sa mère est demeurée dans la maison familiale de Naumburg. Il n'a pas beaucoup de contacts avec ses amis, tant il est aspiré par ses travaux depuis l'été. Il n'a noué aucune nouvelle relation avec quiconque dans la cité turinoise.

C'est alors, entre le 3 et le 6 janvier 1889, qu'il rédige les mots restés célèbres sous le titre de « *billets de la folie* »[1]. Il s'y adresse à des figures historiques et à des personnalités de son temps avec une grande désinvolture et avec une familiarité qui ne lui est pas du tout coutumière. En quelques jours, il s'abandonne à une série d'identifications à plusieurs dizaines d'autorités politiques, religieuses, artistiques ou intellectuelles de son temps, et même à des grands noms du crime. Le 6 janvier, il écrit la fameuse lettre à Jakob Burckhardt :

> *Cher Monsieur le Professeur, Finalement, je préférerais bien mieux être professeur à Bâle que Dieu…*[2]

Bouleversé, le grand ponte de la Renaissance italienne se tourne avec beaucoup d'inquiétude, le jour où il la reçoit, vers son seul et unique appui, Franz Overbeck. Il l'incite à partir sans délai chercher en Italie son ami, qui s'est manifestement absenté de lui-même. Overbeck arrive à Turin le 8 janvier. Il repart le lendemain par le train qui l'y a conduit avec Nietzsche, que la raison a déserté. Ce dernier ne retrouvera plus jamais tout à fait le chemin de lui-même, ni d'une nouvelle année abordée lucidement.

Ses ultimes billets turinois adressés aux puissants de son temps et à certaines figures marquantes de sa vie, ses billets de la nuit tombante, peuvent aussi se lire comme des envois de janvier embrumés par le voile de la déraison. *Torino*, *Tor* semble, aux premiers jours de l'année 1889, indiquer la porte (*Tür* en allemand[3]) de sortie d'un Nietzsche brisé en mille morceaux épars, d'un *Herr Professor*

1. Cf. Friedrich Nietzsche, *Dernières lettres*, préface de Jean-Michel Rey, traduit de l'allemand par Catherine Perret, Éditions Rivages, « Petite bibliothèque », 1989. Et, plus récemment, *Nietzsche. Dernières lettres. Hiver 1887-hiver 1889. De la volonté de puisssance à l'Antichrist*, traduction, présentation et notes de Yannick Souladié, Manucius, « Le philosophe », 2011.
2. Cf. Souladié, *ibid.*, p. 240.
3. Nous devons à Jean Maurel, grand lecteur de Nietzsche et de Hugo, cette indication glanée dans des cours dispensés en Sorbonne, qui demeurent réellement inoubliables. Et, à Françoise Dastur, l'idée que le mot signifie en allemand à la fois grande porte et insensé.

galopant vers la paralysie d'une pensée qui, par la perte soudaine de sa souveraineté, s'expose aux plus infâmes travestissements. Ceux dont seront capables des esprits rendus malades par la haine de tout (le communisme, les Juifs, l'homosexualité, l'art pour l'art, etc.). À moins que ce ne soit l'ultime clin d'œil d'un esprit renonçant à faire de la raison le seul vecteur de la pensée humaine, trop humaine…

Nietzsche, ou celui qui portera désormais ce nom, rédigera bien quelques années plus tard, après sa sortie de l'asile psychiatrique, une fois rentré dans la maison familiale, quelques lignes reprises dans un volume[1] qui ne lui appartient plus. On y lit par exemple :

> *J'ai religieusement dit oui aux gouffres, et mes aigles n'ont pas besoin de bénitier.*

Ou encore :

> *À la longue*
> *Les années ne comptent plus*
> *À la longue, à la longue*
> *On a la tête pleine de pus.*

Mais ces lignes ne sauraient être le dernier mot d'une pensée qui n'est plus maîtresse d'elle-même. Elles ont déjà tourné le dos à l'affirmation volontaire et consciente de l'existence justifiée et affirmée dans la totalité de ses aspects, qui est le point culminant de la vie telle que le père de Zarathoustra, fils de janvier, l'a considérée. C'est l'objet de son « *gai savoir* », de sa « *philosophie de Dionysos* »[2].

À Turin, quelques jours après le Nouvel An, Nietzsche referme donc derrière lui la porte de la nouvelle année. Il ne la

1. Cf. *Mort parce que bête*, introduction et notes de Johan Gok, traduction de J. Niesten, éditions Parc, 1998.
2. Cf. *Fragments posthumes* 34 (176) et 34 (181), in *OPC, Fragments posthumes Automne 1884-automne 1885*, volume XI, traductions de M. Haar et de Marc B. de Launay, Gallimard, p. 208-210.

franchira plus jamais de façon lucide et consciente. Il ne verra rien des années au cours desquelles ses œuvres philosophiques, y compris les plus récentes, celles qu'il a à peine rédigées au cours de son dernier automne, et qui, sans avoir le temps de mettre en place leur publication, vont connaître un succès foudroyant aux quatre coins de l'Europe et du monde. Plus jamais non plus, il ne connaîtra à Noël cette « *intimité confortable* » si chère à son cœur d'enfant et d'adolescent. Il bénéficiera, certes, de l'amour de sa mère jusqu'au dernier souffle de celle-ci. Avant de tomber, hélas, jusqu'à sa mort et bien au-delà même sous la coupe de la cupide Elisabeth. Elle se montrera, à son retour des Amériques, plus intéressée par la manne financière et le prestige intellectuel que lui assureront les œuvres de son frère, que par une quelconque fidélité à la lettre et à l'esprit de son travail philosophique définitivement inclassable. Nietzsche n'aura pas eu le temps de formuler un dernier vœu avant d'entrer, au tournant du siècle qui commence avec sa mort (il meurt le 25 août 1900), dans les bibliothèques de ses contemporains.

Mais il aura pris soin, comme nous allons le voir maintenant, de nous donner à méditer comme aucun autre penseur avant lui, ni après lui, ce que le passage à une nouvelle année peut, d'un point de vue philosophique, avoir à nous dire et à nous apprendre sur la vie. En puisant dans l'encre de la sienne, et à la lumière de sa pensée, il est temps de dire et de faire Oui à l'an qui vient. De le refaire chaque fois qu'une année nouvelle se présentera à nous. Après Nietzsche. Avec lui. À partir de sa philosophie de l'affirmation de l'existence, qui est aussi une philosophie de la nouvelle année.

Oui dire

Philosophie de la « nouvelle année »

[...] je veux, en n'importe quelle circonstance,
n'être rien d'autre que quelqu'un qui dit oui[1].

1. Cf. *OPC*, *Le Gai Savoir*, volume V, traduction de P. Klossowski revue, corrigée et augmentée par Marc B. de Launay, Gallimard, p. 189.

COMMENT UNE EXPÉRIENCE VÉCUE par un être humain, à un moment déterminé de l'Histoire et dans les conditions tout à fait singulières de sa propre histoire, peut-elle devenir une œuvre de l'esprit et faire l'objet d'une appréciation de portée universelle ? Cette question ne vaut pas que pour l'art et le jugement de goût. Elle vaut pour tout ce que les hommes créent et inventent dans des domaines aussi concrets que la technique ou abstraits que la science. C'est aussi vrai pour la philosophie.

Les philosophes sont ceux qui dépassent l'opinion commune. Ils construisent leur pensée *contre* celle-ci. En un double sens qu'il ne faut jamais perdre de vue : contre signifie à la fois ce qui s'oppose à quelque chose (être contre le fascisme) et ce qui s'appuie sur autre chose (se tenir contre un mur). Aller contre ce que les hommes pensent à propos de la nouvelle année, à quoi cela peut-il correspondre ? Et qui peut y prétendre ? Ne faut-il pas avoir soi-même éprouvé la même chose que les autres individus pour être en mesure d'aller au-delà de leur expérience commune et immédiate ?

Comme on l'a vu, Nietzsche a personnellement vécu les fêtes de fin d'année avec une très grande intensité. En cela, il n'est nullement original. Comme la plupart des hommes qui appartiennent à des sociétés dans lesquelles Noël a pris l'importance symbolique et sociale qu'on lui connaît dans notre culture depuis quelques siècles, notamment les deux derniers, il a parcouru les principales étapes suivantes : sensation de magie dans l'enfance, consolidation et mise à l'épreuve des liens affectifs à l'adolescence, régression dans l'intimité confortable de la famille archaïque ou nucléaire et indifférence relative ou feinte à l'âge adulte. Ces étapes ont la particularité de pouvoir être parcourues dans tous les sens et de façon simultanée, de façon (surtout) régressive et (en principe) progressive. Quand son lien au christianisme se sera rompu et plus encore lorsque son rapport à son foyer familial se sera distendu, du moins pendant un temps, Nietzsche accordera une importance beaucoup plus grande et constante au Nouvel An.

L'enfant qui écrit des poésies et des cartes de vœux pour ses proches, l'adolescent tourmenté qui se tourne vers la littérature par l'autobiographie, le jeune homme qui fête la Saint-Sylvestre en musique, le précoce et brillant professeur de philologie qui a ses entrées régulières dans l'antre des Wagner à Tribschen, qui se permet même de les snober quand il est débordé par son travail ou par ses émotions, l'écrivain naissant qui gagne son indépendance intellectuelle et commence à prendre ses distances avec l'Université et avec sa famille, le penseur nomade et apatride qui sillonne les villes du Sud en quête de soleil et de temps sec, le philosophe hyper-productif qui perd la raison et glisse irréversiblement vers la folie sur un trottoir piémontais, voilà autant de figures et de masques empruntés par celui qui, une fois parvenu à sa maturité philosophique, consacre à la nouvelle année un texte d'une acuité et d'une profondeur extrêmes.

Mais comment un homme, fût-il philosophe, peut-il tirer d'une expérience aussi douloureuse et aussi sombre sur le plan personnel que le Nouvel An tel que Nietzsche l'a vécu, de plus en plus malade et solitaire tout au long de sa vie, une pensée qui fait de l'affirmation et de l'acquiescement à toutes choses le point le plus haut de sa philosophie et la manière la plus souhaitable de commencer l'année ? Cette question n'est pas une question parmi d'autres, qui serait dictée par le seul rapport personnel et anecdotique de Nietzsche avec le Nouvel An. C'est le problème de la nouvelle année lui-même. Celui de savoir comme un individu peut regarder dans les yeux l'année qui n'a pas encore de visage, en lui soufflant à l'oreille ce que Baudelaire écrit à sa « *très belle* » et « *charmante* » :

> *Tu m'as donné ta boue et j'en ai fait de l'or*[1].

Comme toute question d'ordre artistique et esthétique, Nietzsche rappelle souvent qu'il n'y a que deux manières de la poser : soit par détresse, soit par surabondance. Et si, de la détresse d'un homme, pouvait sourdre la surabondance d'une pensée qui rejaillit sur tous les autres ?

---

1. Cf. *Les Fleurs du mal*, Appendices, Ébauche d'un « épilogue » pour la seconde édition.

AVANT DE SOMBRER dans une torpeur qui met un terme à toute possibilité de métamorphose, quelques semaines tout juste après avoir atteint l'âge de quarante-quatre ans, Nietzsche a pris la peine de fixer lui-même le jour par lequel commence l'an I ouvert par sa philosophie, c'est

> *le 30 septembre 1888 du faux calendrier*[1].

Le premier janvier de sa pensée, son Jour de l'an philosophique en somme, a donc déjà eu lieu, lorsque sa raison l'abandonne aux premiers jours de 1889. C'est le jour qu'il a choisi,

> *ce jour de perfection, où tout vient à maturité et où la grappe n'est pas seule à dorer*[2].

C'est celui qui ouvre la saison des vendanges de sa propre pensée, pour promulguer avec une férocité assumée sa grande « *Loi contre le christianisme* ». Celui-ci est devenu son pire ennemi. Il le tient pour responsable de tous les maux de l'humanité occidentale depuis deux millénaires : « *le vice est le christianisme* »[3]. La chose

1. Cf. *L'Antéchrist*, in *OPC*, volume VIII, traduction J.-C. Hémery, Gallimard, p. 235.
2. Cf. *Ecce Homo*, in *OPC*, volume VIII, traduction J.-C. Hémery, Gallimard, p. 244.
3. *Ibid.*

est peut-être exagérée. Elle a pourtant, de son point de vue, une cohérence certaine qu'il convient d'explorer. En se demandant comment l'affirmation peut coexister avec l'accusation ou si elles s'excluent mutuellement.

Mais que reste-t-il, alors, au moment de la grande moisson livresque de l'automne 1888, des « *miracles de Saint-Janvier* », ceux de l'année 1882, qu'il a vécus au cœur du plus solaire de ses trois hivers génois ? Ils sont très loin derrière lui déjà. Rien ne pourra désormais les effacer. Leurs traces sont inscrites à jamais dans son œuvre, qui ouvre un cycle nouveau et inclassable dans l'ordre des idées. Sa fécondité se concentre tout particulièrement dans une pensée, la plus lourde et la plus désespérante, mais aussi la plus stimulante et la plus libératrice qui soit. Elle brise tous les calendriers et fait voler en éclats tous les sabliers du temps. Elle lui est venue au mois d'août 1881, lors d'une de ses interminables promenades au bord du lac de Silvaplana. On peut la formuler ainsi en termes simples : vivons chaque instant comme s'il était digne de revenir éternellement ! Comme un Jour de l'an sans cesse réaffirmé ! Un Oui à tout ce qu'on a été, à tout ce qu'on est et à tout ce qu'on sera ! Un Oui délesté de toutes les négations et de toutes les accusations ! Celles qu'imposent les morales, les religions et autres métaphysiques en tous genres. Le Nouvel An serait alors la suspension ou la réduction, l'*épochè* chère à Husserl, de tous les non ordinaires.

Avant de quitter la scène aux premiers jours de la nouvelle année 1889, Nietzsche a pris la peine, lui, de *dire* oui, de *faire* oui. Au lendemain des Saturnales dont il ne reviendra jamais, il nous confie la tâche d'en interpréter le sens. En nous laissant pour seule perspective théorique et pratique (ici, l'opposition entre théorie et pratique disparaît, comme nous le verrons) sa propre philosophie de l'affirmation. Loin d'être déposé dans ses textes comme un déjà-là, ce sens suppose un lecteur capable de supporter la tâche par laquelle la vie et la pensée se donnent rendez-vous. Nietzsche en a esquissé lui-même les contours :

> *Introduire un sens – cette tâche* reste encore *absolument à accomplir, admis qu'il* n'y réside aucun sens[1].

Et si cette tâche était précisément l'enjeu d'une considération philosophique de ce qui se joue avec le Nouvel An ? Et si le secret que la vie souffle à l'oreille de Zarathoustra dans les trois chants[2] que Nietzsche lui consacre, c'était tout simplement de regarder la vie droit dans les yeux et de lui dire, au premier jour de l'année comme aux premières heures de chaque jour, tout simplement *oui* ?

---

1. Cf. Fragment posthume 9(48) in *OPC*, *Fragments posthumes, Automne 1887-mars 1888*, volume XIII, traduction de Pierre Klossowski, Gallimard, p. 34.
2. Cf. *OPC*, *Ainsi parlait Zarathoustra*, volume VI, troisième et quatrième parties, traduction Maurice de Gandillac, Gallimard.

SOUS LE SOLEIL DE GÊNES, qui rend miraculeusement à une âme hypersensible la santé après des années de souffrance et de maladie, Nietzsche a rédigé, pendant les premiers jours de janvier 1882, quelques lignes chargées d'une gratitude et d'une force exceptionnelles. Elles sont tirées du « *plus beau janvier* » qu'il ait jamais vécu, même s'il n'a « *duré que vingt et un jours* »[1]. C'est le premier aphorisme du quatrième livre du *Gai Savoir*. Ce livre s'intitule sobrement : *Sanctus Januarius*.

En voici une traduction originale :

> Pour la nouvelle année. *Je vis encore, je pense encore : je dois encore vivre, car je dois encore penser.* Sum, ergo cogito : cogito, ergo sum. *Aujourd'hui, chacun ose exprimer son vœu et sa pensée la plus chère : soit ! je veux donc dire moi aussi ce qu'aujourd'hui je me souhaitais à moi-même et quelle pensée a cette année été la première à traverser mon cœur – quelle pensée doit être le fondement, la garantie et la douceur de toute pensée à venir ! Je veux toujours plus apprendre à voir la nécessité dans les choses comme le beau – ainsi serai-je l'un de ceux qui rendent belles les choses.* Amor fati *: que cela soit à présent mon amour ! Je ne veux mener aucune guerre contre le laid. Je ne veux pas accuser, je ne veux pas même accuser les accusateurs. Que détourner le regard soit mon unique*

1. Cf. Lettre à *Heinrich Köselitz du 25 janvier 1882*, in *Correspondance janvier 1880-décembre 1884*, volume IV, traduction et notes sous la responsabilité de Jean Lacoste, Gallimard, p. 166.

négation ! Et, en tout et pour tout, et en grand : je veux, en n'importe quelle circonstance, n'être rien d'autre que quelqu'un qui dit oui.

En 1882, au moment de rédiger *Le Gai Savoir* et d'écrire sur la nouvelle année ce texte décisif et inclassable, Nietzsche n'est plus le valet de personne. Il a depuis longtemps coupé les ponts avec l'hystérie wagnérienne et avec l'académisme étriqué de ses collègues de l'Université. La polémique suscitée par son premier ouvrage lui a ouvert les yeux sur le philistinisme des tenants du temple universitaire. La ferveur furieuse de Bayreuth a commencé de l'en détourner dès la pose de sa première pierre, tout juste dix ans plus tôt. 1872 est pour Wagner l'année zéro du culte d'un artiste retombé dans les rets du christianisme. C'est aussi celle où Nietzsche a cessé d'espérer de ses collègues autre chose que des flèches trempées dans le poison mortel de l'envie et du conformisme mêlés aux passions les plus basses. Depuis quatre ans déjà et l'occasion que lui a fournie le centenaire de la mort de Voltaire pour célébrer la liberté de l'esprit par la publication de *Humain, trop humain*, il roule pour lui seul. Sans direction fixée à l'avance. Avec pour seul cap sa pensée. Quelque part sur les pentes de Portofino et les chemins boisés de Ruta, en Ligurie. Loin de Bâle et de sa Prusse natale, il n'enseigne plus depuis trois ans déjà. Il est à peine sorti des pires années de sa vie. Il s'est vu mort avant d'atteindre son but. Mais, sans savoir vraiment pourquoi ni comment, l'étau de la maladie semble se relâcher peu à peu. Il souffre moins, ou en tout cas plus de façon permanente. Il s'en étonne et s'en félicite à la fois. Il lit encore beaucoup et, surtout, il marche. Il déambule presque tout le jour, parfois pendant huit d'heures d'affilée, jusqu'à l'épuisement. De retour dans son modeste logement, il travaille sans relâche à son dernier *opus*. Il n'y cache rien de ce qu'il doit aux collines et à la mer de Ligurie, et singulièrement à l'aventureuse et sérieuse cité de Gênes. C'est là qu'il reprend goût à la vie. Là que, par miracle, au premier mois d'une année baignée d'un soleil californien, sa pensée enfante coup sur coup ses plus beaux rejetons. Zarathoustra est fils de janvier lui aussi. Et l'enfant d'un pays où, depuis les monts qui se jettent dans la mer, on scrute le lointain depuis des siècles. La maison natale de Colomb n'est pas loin ; les femmes attendent leurs marins de maris aux balcons de Camogli. Les continents nouveaux sont à portée de navire ligure.

Saint-Janvier, auquel un Nietzsche régénéré par la lumière de l'Italie s'identifie sans mesure, donne son nom au quatrième livre du *Gai Savoir*. Les trois précédents livres sont étrangement privés de titre. Cinq ans plus tard, en 1887, dans une composition qui fait écho à celle d'*Aurore*, le cinquième et dernier livre s'intitulera « *Nous, sans peur* ». Comme pour rappeler que ce n'est pas ou plus la crainte qui constitue la disposition la plus fondamentale de sa pensée et de sa vie. L'ouvrage est à la fois un acte de naissance et une déclaration d'émancipation. Il peut se lire comme le manifeste de *Janus bifrons*, l'homme aux deux visages, l'un tourné vers le passé, l'autre ouvert sur l'avenir. Nietzsche y perçoit[1] la victoire sur l'hiver qu'il a traversé et l'annonce grisante des fêtes à venir. Mais aussi le signe triomphateur de la délivrance tant attendue. Il y a des années qu'on embrasse et qu'on épouse comme une femme dont les formes sont des invitations à vivre et à aimer. Pour lui, cela passe avant tout par l'écriture.

Dans l'aphorisme 276 du *Gai savoir*, Nietzsche donne à méditer en termes philosophiques ce que la nouvelle année peut être pour quiconque entreprend, sans plus attendre, d'aller à la rencontre de soi-même. Ce texte ne peut toutefois se lire, comme c'est vrai de presque tous ceux qu'il écrit, sans être relié aux autres aphorismes avec lesquels il forme un réseau de sens savamment construit. Il exige une bonne dose de probité et de persévérance pour être lu. Dans un dispositif intertextuel que

1. Cf. Préface à la seconde édition du *Gai Savoir*, § 1, in *OPC*, volume V, traduction de P. Klossowski revue, corrigée et augmentée par Marc B. de Launay, Gallimard, p. 21.

Nietzsche n'éprouve pas le besoin de marquer explicitement ni de justifier, l'aphorisme 277, intitulé « *Providence personnelle* », et les deux derniers du même livre, les aphorismes 341 et 342, qui sont consacrés à l'éternel retour, en fournissent la clé d'interprétation. Alors, une bonne fois, apprenons la lenteur et armons-nous de patience pour penser ce qui s'ouvre à nous au premier jour de l'année… et que cela vaille pour la lecture des textes comme pour tout le reste de l'existence ! Car l'année nouvelle n'attend pas.

NIETZSCHE n'a pas écrit l'aphorisme 276 du *Gai Savoir* sur (*Über*), mais pour (*Zu*) la nouvelle année. La nuance est de taille. Il ne s'agit pas pour lui d'abord de la théoriser, ni de la rationaliser. Mais de faire entendre, et d'abord à lui-même, ce qu'il éprouve à un moment précis de son itinéraire et de sa vie. D'exprimer, surtout, dans quelle mesure il est devenu, lui l'éternel malade de fin d'année, capable de ressentir autrement telle année qui se présente à lui. L'année nouvelle, c'est celle qui n'est encore jamais advenue, celle qu'il est possible d'appréhender différemment de toutes les autres, pour ce qu'elle est vraiment : une année à *vivre*, donc à *penser* également. Mais comment faire de l'année nouvelle autre chose et plus qu'une nouvelle année, au sens d'une année de plus, d'une énième année ? Comment accueillir la nouveauté de l'année qui point et se montrer hospitalier avec elle ?

Ces questions nous filent à tous entre les doigts année après année. On ne prend jamais le temps de les formuler. De les laisser entrer dans notre vie. De séjourner en elles. Si l'hospitalité consiste à « *ne pas interroger l'étranger* »[1], comme l'indique avec finesse Derrida, mais à le laisser venir à nous tel qu'il est, chaque

1. Cf. *Anne Dufourmantelle invite Jacques Derrida à répondre* De l'hospitalité, Calmann-Lévy, 1997.

année doit être accueillie avec le visage qui est le sien. Si ce n'est jamais tout à fait le même, voyons tout de même ce qu'on peut en dire et lui dire à elle, quand elle se présente sur le seuil de notre existence, aux calendes intimidantes et régénératrices de janvier.

La priorité est, pour Nietzsche, qui raisonne en philosophe, de ne pas dissocier le fait de vivre de la nécessité de penser. Donc de voir dans la pensée quelque chose d'aussi nécessaire que la vie elle-même et dans la vie ce qu'il y a à penser de plus essentiel, de plus « *problématique* ». Car commencer une année, c'est d'abord survivre à toutes les précédentes et, tout particulièrement, à *la* précédente. Vivre, c'est toujours survivre, surmonter ce qui n'a pas eu raison de notre goût de vivre, ni épuisé notre vitalité. Pour que l'année s'ouvre, donc, il faut *encore* que je vive, se rappelle Nietzsche à lui-même dans les premières lignes de son aphorisme. Mais « encore » s'entend ici en un double sens.

D'abord dans celui d'une persistance dans le temps : je vis encore, je suis vivant, je bouge toujours, la bête n'est pas morte, si l'on peut dire. On sait que Nietzsche s'est cru plus d'une fois proche de mourir, et l'a même souhaité. Appeler la mort de ses vœux ou formuler des vœux habités par la mort, quand l'année nouvelle gonfle ses voiles de tous les possibles, c'est encore la tâche d'un vivant. D'un sur-vivant. D'un hyper-vivant. La hantise de sa propre disparition habite chaque jour de la vie tout individu. Le Jour de l'an, c'est, tout autrement que celui de son anniversaire, le jour où l'on peut prononcer cet « un de plus » qui, sans annihiler la mort comme potentialité permanente, comme menace archi-quotidienne, en desserre l'étau par le répit d'un « je vis ». Oui, mais pour combien de temps ?

Ensuite, le mot encore a le sens d'une condition, qu'on pourrait énoncer ainsi : encore faut-il que je vive pour que je prétende entrer dans l'année nouvelle, et non pas seulement que je persévère dans ma vie. Ce ne sont pas seulement les mots d'un miraculé de janvier, mais ceux d'un condamné à vie, qui a longtemps vécu dans la nuit désespérante de la maladie et tant de fois frôlé la mort. Je ne pourrais pas penser, si je ne pouvais prétendre vivre. C'est donc d'abord de la vie, de ma vie, qu'atteste et se revendique ma pensée.

Dans ce texte, Descartes n'est pas cité. Il n'est pourtant pas loin. On perçoit entre les lignes quelque chose comme un « je souhaite, donc je vis ». Son *cogito* hante les lignes fragmentaires d'un aphorisme qui n'a rien de platement anecdotique. Contrairement à celui qui doute de tout sauf de la nécessité de douter, Nietzsche se présente comme meilleur douteur que Descartes[1]. Mais il ne se contente pas de le déclarer, ici. Il entend l'être en acte. Descartes s'attache à vivre autant qu'à philosopher[2]. Mais si la distinction du vrai et du faux est l'horizon de sa pensée, centrée sur le primat de l'ego et du sujet, le fait de penser n'est pas ce qui permet d'être ou d'exister (tout ce qui est ne pense pas ; c'est plutôt l'exception que la règle !), mais ce qui le garantit. Nietzsche modifie la célèbre sentence cartésienne « *je pense, donc je suis* »[3], en inversant de façon parodique l'ordre de son énonciation latine. Pour Nietzsche, le fait d'exister n'est pas ce qui conditionne l'acte de penser dans le but d'atteindre une première certitude. C'est ce qui me l'impose. Ce qui en constitue la tâche ultime et véritable, tout autant que la condition première. L'inversion de la formule cartésienne a pour but d'affirmer que c'est la vie qui est la condition de la pensée, et non l'inverse. Penser, c'est faire l'expérience de la vie, en éprouver et en expérimenter l'effectivité nue et déchirante. De ce point de vue, un penseur est en premier lieu un homme qui vit et donc qui survit, qui persévère dans sa vie pour le dire en termes spinozistes, et qui doit penser cela. Mais quoi, au juste ? Que « *vivre – cela veut dire : rejeter sans cesse loin de*

1. Cf. Martin Heidegger, *Nietzsche*, volume II, traduction de Pierre Klossowski, Gallimard, p. 137-139.
2. Cf. Lettre-préface aux *Principes de la philosophie*, Gallimard, Pléiade, p. 557-570.
3. Cf. *Discours de la méthode*, IVe partie.

soi quelque chose qui tend à mourir »[1]. La santé, ou plutôt ce que Nietzsche appelle la « *grande* santé », ne s'oppose pas à la maladie. Elle en est l'endurance triomphante et persistante, la capacité de la surmonter et non de l'éviter. Comme un « grand » malade ou un « grand » fou désigne dans le langage ordinaire non pas celui qui souffre ou s'absente de lui-même, mais celui qui est capable d'accomplir des choses ou d'agir d'une façon qui, sans rien avoir de commun ni de banal, n'en est pas moins impressionnante et enviable.

Sans doute est-il bon aux yeux de Nietzsche, plutôt que de souhaiter la santé à tout prix comme le Souverain Bien des noceurs du réveillon, de se le rappeler quand une année prend fin et qu'une autre commence. Parce que j'ai encore à penser, il me faut continuer à vivre. Voilà ce qu'écrit, au principe de l'année, celui qui a parcouru tant de chemins pentus et sinueux vers l'équilibre instable du grand vivant – plutôt que du « bon » vivant, dont Deleuze a dégagé le caractère plus répugnant qu'attrayant[2]. Dans la mesure où je vis, il me faut affirmer, avant toute autre chose, cette vie par la pensée. Il n'y a là aucun cercle. La vie et la pensée ne passent pas par un unique point. Elles couvrent une seule et même surface. Ce n'est pas le cogito qui constitue le premier fondement certain dans la recherche du vrai. C'est la vie qui est aux commandes. Plus que le platonisme, c'est bien le cartésianisme que Nietzsche inverse et parodie ici. L'existence fonde la pensée, et non l'inverse. Au premier jour de l'année, il faut saisir l'occasion de s'approprier ce qu'il y a d'essentiel : non pas seulement rendre la pensée vivante, mais vivre sa pensée, vivre de *sa* pensée, d'une pensée qui soit vraiment *sienne*. Cette occasion est l'objet de la pensée

1. Cf. *Le Gai Savoir*, livre premier, § 26, in *OPC*, volume V, traduction de Pierre Klossowski revue, corrigée et augmentée par Marc B. de Launay, Gallimard, p. 76.
2. Cf. *L'Abécédaire* (coffret DVD), film de P.-A. Boutang, éditions Montparnasse, 2004.

de la « *nouvelle année* ». Elle est la chair vécue d'une pensée qui se confond avec l'existence elle-même.

QUAND NIETZSCHE manifeste le désir d'exprimer le tout premier souhait qui est le sien, son but n'est pas d'ajouter son petit vœu individuel à la navrante cacophonie des effusions conformistes de la nouvelle année. Il est tout autre. Il s'agit pour lui de dire, avec une netteté et une simplicité inédites, ce qu'il en est venu à éprouver et à penser en premier, avant toute autre chose, au début de l'année. De *cette* année-*là*. *Lui* et pas un autre. En premier et en première personne, donc.

Penser se dit *denken* en allemand. Le mot a la même racine étymologique que *danken*, qui veut dire remercier. Cette pensée initiale, première dans l'ordre chronologique mais aussi logique, traverse le cœur (*Herz*) plutôt que l'esprit (*Geist*) du penseur. Elle comporte une part d'affectivité revendiquée comme telle par un philosophe qui a renoncé à tous les fondements et à toutes les fondations métaphysiques. Comme *Baûbo*, magicienne et déesse de l'obscénité, exhibant un fétiche entre ses jambes pour consoler la pauvre Déméter de la perte de son enfant : montrer son fondement (*Grund*), c'est, par un jeu de mots qui a l'heur d'être traduisible, exhiber le sans-fond de la pensée[1]. Quel meilleur jour

1. Cf. *Le Gai Savoir*, préface à la seconde édition (1887), § 4, in *OPC*, volume V, traduction de P. Klossowski revue, corrigée et augmentée par Marc B. de Launay, Gallimard, p. 27.

que le premier de l'an pour le faire ? Pour révéler ce qui, derrière le paravent de la fête de tous ceux qui n'ont que des vieilles lunes sans consistance à la bouche (santé, bonheur, réussite, etc.), fait battre le cœur des « *guerrier[s] de la connaissance* »[1] qui ont le « *ciel étoilé au-dessus de la tête* », mais pas ou plus « *la loi morale au fond du cœur* »[2] ?

Parodiant la fondation cartésienne (mais aussi bien platonicienne, kantienne, etc.), Nietzsche voit dans sa première pensée de l'année quelque chose de *doux*. Comment faut-il le comprendre ? À l'évidence, il ne s'agit pas pour lui de donner une recette, ni de créer un énième système imbu de sa propre prétention au vrai, mais de vivre et de s'abandonner à la douceur que lui octroie le fait simple d'exister. Tous les systèmes sont des corps pesants et morts, fermés sur eux-mêmes et figés dans leurs possibles. Et les recettes sont faites pour être modifiées, détournées, adaptées aux besoins et aux goûts de celui qui en fait usage. C'est pourquoi l'année nouvelle ne sera nouvelle, neuve, innovante, que si elle prend appui sur ce qui n'est pas encore acquis de façon certaine, ni univoque. Que si elle court le risque de se refonder autrement que sur les certitudes déjà acquises et défendues comme telles.

L'homme d'expérience, dont l'étymologie latine (*experiri*) connote à la fois le péril et la piraterie, n'est-il pas celui qui, comme le rappelle avec profondeur Gadamer, s'ouvre à ce qui n'a pas encore eu lieu, à ce qui est pour l'heure non-advenu, plutôt que celui qui trouverait dans son vécu, comme un déjà-là, tout ce qui lui permettrait de vivre et de comprendre ce qu'il n'a pas encore rencontré ?[3] Avoir de l'expérience, avoir l'expérience de

1. Cf. Fragment posthume 11(108), in *OPC*, *Fragments posthumes Automne 1887-mars 1888*, volume XIII, traduction de P. Klossowski, Gallimard, p. 246 ; Fragment posthume 16(30), in *OPC*, *Fragments posthumes Début 1888-début janvier 1889*, volume XIV, traduction de J.-C. Hémery, Gallimard, p. 243.
2. Épitaphe figurant sur la tombe de Kant à Köenigsberg.
3. Cf. Hans-Georg Gadamer, *Vérité et Méthode*, traduction d'E. Sacre, Seuil, 1996, p. 207.

quelque chose, c'est pouvoir dire non merci à ce qui n'apporte rien d'inédit, de différent ni d'original. Celui qui en a ne dispose pas pour autant d'un stock disponible de solutions déjà toutes éprouvées. Il est *capable* du nouveau, au sens du neuf, de l'inédit, du non-advenu et, à la limite, de ce qui est encore par définition impensable. C'est très différent.

Au contraire, dans son acception plus ordinaire, celui qui est désigné comme nouveau, « le » nouveau comme on dit, par exemple dans le service d'une entreprise ou dans une liste de classe à l'école, c'est celui qui est inexpérimenté, qui vient d'arriver et qui ne connaît pas encore les us et coutumes du groupe qu'il intègre. Il arrive éventuellement en lieu et place de celui qui le précède dans le poste, parce qu'il vient d'en obtenir le titre, ou bien il accède au même droit que les autres de prendre part à une activité. Ici, le nouveau doit surtout s'attacher à se faire oublier comme tel autant qu'à effacer la mémoire de celui auquel il succède, quand il cumule la double tâche d'arriver et de le remplacer. De son côté, un objet est neuf (*novus*) en cela qu'il n'est pas encore usé. Qu'il a la fraîcheur immaculée de ce dont on n'a pas encore fait usage (la voiture neuve ou la balle neuve au tennis). Le nouveau ainsi conçu ne peut être qu'éphémère, puisqu'il cesse de l'être du fait de la fonction qu'on lui assigne et qui le modifie dès qu'on en fait usage. Le nouveau a en propre de ne jamais l'être longtemps. Il devient vite vieux à son tour, surtout pour les êtres les plus jeunes, qui ont tendance à tenir pour ancien ce qui date dans leur propre expérience plutôt que dans l'ordre du temps. Un « vieux tube », lui, passe pour ringard, mais sans jamais s'user véritablement. Ne reste pas nouveau qui veut. Ne se renouvelle, de surcroît, que celui qui le peut. Ce qui est dans la nature la règle, est chez les hommes l'exception.

Il en est de même de l'année, qui ne reste nouvelle que tant qu'elle est attendue, à venir, sur le point d'arriver. Elle perd de sa nouveauté presque aussitôt qu'elle advient. C'est que le nouveau n'est pas seulement le récent, ni le neuf, ni même le « bleu » ou le « bizut », à qui l'on s'empresse de faire passer les épreuves d'une intégration aussi désagréable que nécessaire à son effacement en tant que tel. Le nouveau, c'est l'inédit et l'original, ce qui a son origine dans la marque unique d'un auteur, qui, parce qu'il se distingue du déjà-connu, passe parfois pour extravagant et fantaisiste. Du latin *edere*, d'où provient le participe passé *editus*, dont la mention prévaut dans le champ littéraire, l'inédit est ce qu'il faut faire sortir, mettre au jour, publier au sens de le faire advenir et connaître à la fois. Telle est bien la nouvelle année, qui est autre chose qu'une année de plus (*novel*), sans être fondamentalement différente de l'année qui prend fin. Elle est nouvelle par le fait paradoxal d'être à la fois de l'ordre de l'inconnu (on ne sait pas sur quoi elle ouvre, ni quelle sera son unité propre) et du connu (elle figure dans un calendrier officiel qui ne vaut que parce qu'il est partagé et public, commun et reconnu comme tel). Mais bien malin celui qui pourrait dire ce dont l'année sera faite, même quand on lui met dès son entame une étiquette aussi commode qu'inappropriée et impuissante à en révéler tous les aspects (l'année du cochon, de la coupe du monde, du jubilé, des élections, etc.).

Le plus urgent quand l'année nouvelle l'est encore, c'est donc, dans la continuité qui la porte et nous relie à celle qui l'a précédée, de s'ouvrir à la part de nouveauté que seule la considération de l'inédit et de l'original permet de penser. Le premier toast devrait donc, si les hommes étaient cohérents, être porté non pas dans le but de faire résonner les verres pleins entre eux, mais de faire entendre le son creux de l'inconnu qui nous enjoint de raisonner. C'est pourquoi la pensée qui accompagne Nietzsche aux premières heures de l'année (il faut encore vivre et encore penser, dans cet ordre-là) est une tâche. Ce n'est pas une proposition conceptuelle nouvelle. Mais elle a pour enjeu, comme toute pensée, de cerner ce que nous n'avons pas encore pensé. À ce sujet, Heidegger écrit dans *Qu'appelle-t-on penser ?*[1] :

> *Ce qui de soi-même nous donne le plus à penser, c'est, selon notre affirmation, que nous ne pensons pas encore.*

La première nécessité à laquelle nous soumet l'année nouvelle, c'est donc bien de penser. De façon intransitive. Comme ce qu'il y a de plus impérieusement nécessaire. On ne peut vivre plus longtemps sans penser. Mais cela suppose d'être en mesure de le faire. D'en avoir les ressources. Et que ce qui se donne à penser soit là, devant nous ou en nous, comme un « il y a ». Ce qui ne va pas de soi. Heidegger ajoute à ce propos :

> *Cependant, l'homme n'a pas véritablement le pouvoir de penser, aussi longtemps que ce qui demande à être pensé se retire.*

C'est donc d'un retrait que nous tirons notre impuissance à penser. Mais qu'est-ce que le Nouvel An, sinon le contraire de cela ? Sinon le moment où ce qui advient dans le temps et ce que nous sommes pour nous-mêmes nous deviennent soudainement et concrètement présents ? Le Jour de l'an est en ce sens le jour qui nous invite à cesser de nous retirer, de nous mettre en retrait, de nous abstenir de faire ce qui nous est le plus utile : penser.

Mais encore faut-il déterminer plus clairement ce qu'il y a à penser ce jour par lequel le calendrier relègue tous ceux qui l'ont précédé dans un passé immédiatement révolu. De quoi s'agit-il, au juste ? De porter sur les choses un tout autre *regard*, nous dit Nietzsche. Non pas pour les voir autrement qu'elles sont. Ni pour prétendre dire ce qu'elles sont en elles-mêmes. Sont-elles d'ailleurs quoi que ce soit indépendamment du regard que nous portons sur elles ? Nietzsche voit dans la vérité une création[2], et

1. Cf. PUF, Quadrige, traduit de l'allemand par Aloys Becker et Gérard Granel, 1992, p. 24.
2. Cf. Fragment posthume 9(91), in *OPC*, *Fragments posthumes Automne 1887-mars 1888*, volume XIII, traduction de P. Klossowski, Gallimard, p. 54.

non pas un donné auquel notre esprit aurait à se conformer adéquatement, et dans la non-vérité une condition de notre existence plutôt qu'un obstacle. Il s'est libéré de l'idée d'un sujet souverain, qu'il suspecte de ne pas être cette substance pensante dont parle Descartes. Nietzsche ne se situe pas seulement par-delà l'opposition entre bien et mal ; il dépasse aussi les fausses oppositions entre le sujet et l'objet, l'apparence et la réalité, le corps et l'esprit, la vérité et l'erreur, etc.

Le but qu'il se donne à lui-même et que, du même coup, il nous assigne au tournant de janvier, c'est de parvenir à modifier ce que nous voyons, et par là ce que nous ne voyons pas, ou plutôt ce que nous ne voulons pas voir dans les choses. Les choses ne sont pas ce que nous croyons qu'elles sont. Elles sont, et cela ne dépend pas de nous. C'est précisément ce que nous ne supportons pas. Nous voudrions qu'elles soient autrement qu'elles sont, qu'elles ne soient pas ou plus, ce que nous percevons, croyons, pensons, imaginons qu'elles sont. Tels sont les ressorts du vœu ou de la résolution vulgaires, ceux du sens commun, lors de la nouvelle année : que les choses, enfin, soient autrement qu'elles sont ; qu'on puisse se faire soi-même autre qu'on est ; que les autres nous voient non pas tels que nous sommes, mais tels que nous voudrions être. Las ! Ce n'est pas la même chose de tourner la page (ou de l'œil !) et de détourner le regard.

Le parti pris de Nietzsche est d'inviter à changer son regard pour cesser de prétendre voir les choses autrement qu'elles sont. C'est en cela seulement qu'on peut être disposé à voir dans le caractère « *nécessaire* » des choses telles qu'elles sont ce qu'il y a effectivement de « *beau* » en elles. Car le beau n'est pas dans les choses, ni dans le regard porté sur elles. Il est le regard lui-même se portant sur les choses dans leur nécessité. C'est lui qui peut seul convertir la contingence de tout ce qui advient en nécessité. Comme le hasard d'une rencontre fait l'ami, l'amant et parfois le mari. Comme l'occasion saisie fait du risque la chance d'une vie. On ne prend pas un risque comme on prend le train ni le temps, mais on s'y embarque tout autant. Quand l'année nouvelle vient, on peut choisir de se laisser emporter, de suivre le fil ou le courant sans impulser de direction nouvelle. Mais on peut aussi préférer monter volontairement à bord et se donner à soi-même le cap auquel on se tiendra.

Regarder les choses en face, est-ce finalement autre chose qu'*acquiescer* à leur nécessité, au fait qu'elles ne peuvent être autrement qu'elles sont ? Ne faut-il pas admettre que, aussi différentes et éloignées puissent-elles être le plus souvent de notre désir ou de notre besoin, on ne saurait vouloir qu'elles soient autrement sans risquer de les nier, de prétendre les corriger et d'en accuser jusqu'à l'existence même ?

Cette question exige qu'on y consacre de longs efforts pour la comprendre. Elle n'est pas nouvelle pour Nietzsche. Il ne la découvre pas en même temps que son « *gai savoir* ». Ce dernier est plutôt la réponse qu'il y apporte, la solution que lui a soufflée la vie à un problème qui remonte à son premier écrit de jeunesse, la très controversée *Naissance de la tragédie*, et peut-être même à ses *Notes philosophiques* de la période leipzigoise, au printemps 1868, quand il envisageait encore de critiquer la téléologie kantienne sous la forme d'une thèse de doctorat universitaire[1]. Ce « *problème à cornes* », comme il le nomme en 1887 dans la préface à la seconde édition du *Gai Savoir*, c'est celui de l'existence, de son sens et de sa valeur, dont il hérite de son maître et modèle philosophique de jeunesse, Arthur Schopenhauer. Au cours de ses premières années bâloises, Nietzsche y a consacré sa « *métaphysique d'artiste* ». Elle avait pour objet non pas le sujet créateur dans son individualité, mais le monde et l'existence

1. Cf. *Sur Démocrite*, traduit de l'allemand par Philippe Ducat, postface de Jean-Luc Nancy, Éditions Métailié, Paris, 1990. Se reporter aussi au volume *Nietzsche*, Gallimard, La Pléiade, 2000, p. 738-819.

conçus comme processus de création et de destruction. Cette métaphysique n'est plus qu'un lointain souvenir en 1882. Il l'a abandonnée de manière explicite et définitive, comme le suggère ce fragment posthume alors déjà ancien :

> *Je veux expressément déclarer aux lecteurs de mes précédents ouvrages que j'ai abandonné les positions métaphysico-esthétiques qui y dominent essentiellement : elles sont plaisantes, mais intenables*[1].

Sa vieille hypothèse d'origine schopenhauérienne de l'Un originaire, qui appartient à l'époque de *La Naissance de la tragédie*, a fait long feu. La question de l'existence exige qu'on la pose en des termes autres que métaphysiques.

Gilles Deleuze, dans son *Nietzsche et la philosophie*[2], a bien vu le primat chez le philologue passé à la philosophie de la question de l'existence, lorsqu'il écrit :

> *« L'existence a-t-elle un sens ? » est, selon Nietzsche, la plus haute question de la philosophie, la plus empirique et la plus expérimentale, parce qu'elle pose le problème de l'interprétation et de l'évaluation. À bien la comprendre, elle signifie* « qu'est-ce que la justice ? »*, et Nietzsche peut dire sans exagération que toute son œuvre est cet effort pour la bien comprendre.*

Mais reste à savoir quel type de réponse y apporte le principal intéressé, et quel lien il établit entre existence et justice. Quant à la question du regard, on verra qu'elle réapparaît plus loin dans le texte de façon décisive.

1. Cf. Fragment posthume 23(59), in *OPC*, *Humain, trop humain*, *Fragments posthumes 1876-1878*, volume III, tome 1, traduction de Robert Rovini, édition revue par Marc B. de Launay, Gallimard, p. 515.
2. Cf. Puf, 8e édition, 1991 (1962), p. 21.

QUELLE IMAGE plus commune et plus explicite de la justice que celle de la balance ? On ne s'étonnera pas *a priori* de la retrouver de façon explicite dans toutes les versions de l'aphorisme 276 que Nietzsche n'a pas retenues, mais dont ses cahiers posthumes portent la mention sous diverses variantes. Ainsi :

> *Je veux désapprendre de jour en jour à peser avec les plateaux d'une balance morale ; je veux prendre toute émergence d'un jugement moral pour l'indice de ce qu'à ce moment même, ma nature n'a plus toute sa force et sa hauteur et s'égare autour des sentiers et pour ainsi dire autour des tombeaux de son monde antérieur*[1].

Ici, juger avec les plateaux d'une balance morale reviendrait à porter atteinte à la vigueur de sa nature, à en diminuer la puissance d'exister, à s'égarer et à renouer avec une part morte de sa vie d'avant – bref, à accomplir tout ce dont l'année nouvelle nous donne l'espoir de nous défaire enfin !

Dans une autre variante du texte, il formule pour lui-même ce vœu en termes très explicites :

---

1. Cf. *Le Gai Savoir*, in *OPC*, volume V, traduction de P. Klossowski revue, corrigée et augmentée par Marc B. de Launay, Gallimard. Voir la note 1 de la page 189, p. 637 : elle renvoie au cahier M III 6, 132-134.

> *Puissé-je peser de plus en plus avec les plateaux d'une balance esthétique et de moins en moins avec ceux d'une morale !* [1]

Les choses se précisent : il existe bien une « *balance esthétique* » qui peut et doit, de façon progressive, en venir à remplacer l'ancienne balance, celle qui prévaut depuis des siècles et à laquelle, dans *Aurore* (1880), dans *Par-delà bien et mal* (1886) et dans les derniers écrits de 1888, comme *Crépuscule des idoles* et *L'Antéchrist*, mais aussi dans *Ainsi parlait Zarathoustra* (1883-1885), Nietzsche s'en prend toujours plus durement et plus radicalement. La victoire du Beau sur le Bien, voilà l'interprétation inédite dont la nouvelle année peut se révéler porteuse pour quiconque a entrepris une critique des fondements de toutes les morales établies (platonicienne, chrétienne, kantienne, etc.). Comme si l'occasion se présentait de dire : passons à autre chose ! Comme si, soudain, il devenait enfin possible de tourner la lourde et vieille page de la morale et d'en écrire une nouvelle, totalement affranchie de la précédente, que nous recouvririons de la seule beauté des choses, en tournant le dos à tout ce qui peut s'estimer et s'évaluer en termes autres qu'esthétiques. Que l'année soit belle, en somme, plutôt que « bonne » !

Enfin, Nietzsche ajoute une ultime variante :

> *Mon désir est que l'on pèse de moins en moins avec les plateaux de la balance morale, de plus en plus avec ceux d'une balance esthétique et qu'en fin de compte l'on ressente la morale en tant que caractéristique d'une époque retardataire et de son incapacité esthétique. Dès que nous apprenons à regarder les choses en tant que* belles *et de ce fait à ressentir notre bien-être, nous embellissons les choses – mais ne menons point de guerre contre ce qui est laid ! Détourner le regard, c'est là notre manière de nier et pour tout dire en un mot : nous ne voulons être rien que ceux qui disent oui (aux choses) !* [2]

Cette dernière version posthume est la plus proche du texte définitif. Elle est placée sous le sceau du désir, de quelque chose à

1. Cf. *op. cit.*, cahier M III 5, 12.
2. Cf. *op. cit.*, cahier N V 7, 182.

quoi il s'agit d'aspirer, de tendre, là encore de façon progressive, car il y va d'une tâche dont on comprend qu'elle est considérable et infinie. Dans la mesure où la morale est ancienne, elle s'est infiltrée partout dans nos mœurs et dans notre psyché individuelle. Nous sommes pour ainsi dire toujours en retard sur elle. Mais, une fois le regard détourné de nos jugements sur les choses vers les choses considérées en elles-mêmes, dans leur beauté nue et innocente, affranchie de toute condamnation humaine, trop humaine, c'est elle, la morale, qui apparaît du coup étrangement archaïque et mortifère. Et qui, de ressource, se fait obstacle à la considération de l'existence et à son embellissement.

Quant à la représentation de la justice par une balance, voilà en quels termes Nietzsche la qualifie dans un fragment posthume de la période 1885-1887[1] :

> *Il ne faut pas approuver – car cela induit en erreur – l'usage de représenter la justice avec une balance à la main : le symbole correct consisterait à placer la justice debout sur une balance, de telle sorte qu'elle* maintienne *les deux plateaux en* équilibre.

Les valeurs ne sont que l'effet du jeu pulsionnel de la réalité redéfinie comme volonté de puissance[2]. Elles n'ont aucune valeur en elles-mêmes. La justice n'échappe pas à la règle. Elle cache son jeu à qui n'ose pas la regarder de biais, en levant le voile sur ses dessous les moins engageants. La justice n'est pas plus juste que la raison est rationnelle ou la morale morale. Elle est un résultat et un effet avant tout.

C'est aussi cela que la nouvelle année impose d'interroger : à l'aune de quelle balance chacun mesure-t-il et pèse-t-il sa propre existence ? Y a-t-il une balance commune, qui serait valable universellement pour tous les hommes ? Ou bien chacun est-il à la

1. Cf. Fragment posthume 5(82), in *OPC*, *Fragments posthumes Automne 1885-automne 1887*, volume XII, traduction de Julien Hervier, Gallimard, p. 220.
2. Cf. Patrick Wotling, « Origine et logique de la justice selon Nietzsche », in *La Justice*, sous la direction de P. Wotling, Vrin, 2007, p. 113-140.

fois la balance, ce qui est pesé et celui qui est chargé de recueillir la mesure ? À la lumière de ce qu'écrit Nietzsche, il est clair que s'il y a un jour pour substituer une balance commune, celle dont tient lieu la morale, à une balance esthétique, que peut seul acquérir celui qui voit dans les choses et dans la réalité quelque chose de beau, c'est celui où l'année se renouvelle. Mais si le beau n'est pas dans les choses, mais dans le regard qui nous permet de les voir belles, c'est donc à nous qu'il revient de les embellir. Comment faut-il le comprendre ?

On doit déterminer ce qu'« *embellir* » ou « *rendre les choses belles* » signifie sous la plume de Nietzsche. Le texte allemand énonce « *die Dinge schön machen* », littéralement *faire les choses belles*. Dans notre langue, on peut bien dire d'une femme qu'elle *se fait* belle, lorsqu'elle s'efforce d'apparaître sous son meilleur jour, en recourant à un ensemble d'artifices employés pour modifier favorablement son apparence. Ce n'est à l'évidence pas ce que laisse entendre Nietzsche ici. Son but est au contraire d'inviter à regarder les choses telles qu'elles sont, dans leur nécessité propre, sans rien y ajouter par notre jugement porté sur elles. C'est en apprenant à « *voir la* nécessité *dans les choses comme le* Beau en soi » qu'on devient un de ceux qui « embellissent *les choses* » (nous soulignons). Le beau dépend donc non pas des choses elles-mêmes, ni de nous seuls non plus, mais de la manière que nous avons de ne voir dans ce qu'elles sont rien d'autre que ce qu'elles peuvent être et même doivent être. Sans qu'il y ait là rien de moral. C'est donc la notion de *nécessité* qui est le pivot de toute cette analyse et le maître-mot de cette étrange carte de vœux que, comme un chèque au montant vertigineusement élevé, à mille pieds au-dessus de toute morale établie, Nietzsche semble nous adresser et s'adresser à lui-même pour le Nouvel An. Mais de quelle « nécessité » est-il, au juste, question dans son esprit ?

Cette manière singulière et originale de considérer les choses dans leur nécessité en vue de les embellir, Nietzsche lui donne un nom et la relie à une expression philosophique, qui, elle, est très ancienne. Elle remonte au stoïcisme antique romain. Mais elle est détournée de son acception originelle et réinterprétée par lui pour recevoir un sens inédit. C'est l'*amor fati*. On peut traduire cette expression latine littéralement par « amour du destin ». Elle dénote une certaine attitude consistant à acquiescer (*zustimmen*). Cet acquiescement porte non pas sur telle ou telle chose déterminée, mais sur la réalité dans son caractère total, nécessaire et effectif. Cette attitude s'oppose à l'idéalisme en tant que fuite devant la réalité et volonté de nier et de calomnier la réalité. Elle rompt ainsi avec toutes les formes de réactions (intellectuelles, religieuses, morales, etc.) et de rejets du monde tel qu'il est au profit d'un autre monde, d'un de ces « *arrière-mondes* » ou du « *monde suprasensible* », dont Nietzsche fera la théorie critique complète dans ses dernières œuvres[1]. Cette critique le conduira à lever toutes les « *objections contre l'existence* », comme il les appelle, qui ont prévalu jusqu'à présent : Dieu (la principale), la morale (qui en dérive), le Bien, la Vérité, etc. C'est de cette opération radicale que l'*amor fati* est le nom.

Dans cette expression réinterprétée par Nietzsche, il y a le mot amour (*amor*), qui implique un sentiment passionnel de nature puissante et violente, un affect de très haute intensité. Il ne s'agit pas simplement de consentir à ce qui est ou advient dans sa nécessité, au sens de s'y ranger ou de s'y soumettre, et surtout pas de s'y résigner (à la manière schopenhauerienne). Il s'agit de l'affirmer (*behaupten*) et même de l'aimer (*lieben*), c'est-à-dire de

1. Cf. notamment sur ce point, *Crépuscule des idoles*, les « quatre grandes erreurs », § 7, in *OPC*, volume VIII, traduction de Jean-Claude Hémery, Gallimard, p. 94-95.

le désirer et de s'y attacher comme à ce qu'il y a de plus beau et de plus précieux pour soi, et tout simplement de le vouloir. On sait que Nietzsche parodie la forme chrétienne de l'amour du prochain et la détourne de sa version traditionnelle, à la fois abstraite et décadente. C'est aussi le *lointain* qu'il faut aimer. En osant, comme on le disait des esclaves affranchis, élargir l'amour de ses amis à ses ennemis. À l'adversité que nous oppose la vie, de façon générale, il faut opposer l'amour de tout ce qui advient, sans en faire une affaire rationnelle de volonté, mais d'amour. Le *grand* amour, c'est celui qui justifie tout et qui permet seul de tout affirmer.

La notion de volonté est, elle aussi, soumise par Nietzsche à un profond remaniement conceptuel. Sa formulation la plus explicite et la plus célèbre se trouve au paragraphe 19 du livre premier de *Par-delà bien et mal*. Son analyse insiste sur le caractère *complexe* de la volonté, qui est quelque chose de composé et surtout pas de simple, contrairement à ce qu'un certain « *préjugé populaire* » relayé par les « *philosophes* », Schopenhauer compris, a pu laisser accroire. Dans la volonté, il y a un triple mouvement : la sensation, la passion et la pensée. Sans doute *l'amour de la réalité dans ce qu'elle a de nécessaire*, qui est peut-être la moins mauvaise manière de traduire l'expression *amor fati*, est-il lié au jeu de ces éléments à l'œuvre dans la volonté.

Mais le point à retenir ici, c'est le caractère de *mienneté* d'un tel amour, qui prend la forme d'un vœu ou d'une auto-exhortation que personne ne peut formuler à la place de personne. Nietzsche semble dire : cet amour-là, cette manière-là d'aimer ce qui est, c'est cela que, *moi*, libéré du délire de la triade théologico-morale du Vrai, du Bien et du Beau, je *me* souhaite. C'est ce à quoi j'aspire pour *moi-même*. Ce que je veux poser comme *mon* rapport personnel et unique au monde et à la réalité. On parle là de quelque chose qu'il faut souhaiter et affirmer pour soi-même, dont chacun ne peut que dire : « *je le veux pour moi-même* ». Dans

Ecce homo, à propos du *Cas Wagner*, au paragraphe 4, Nietzsche écrira sans détour quelques années plus tard :

> *[...] ce qui a le caractère de la nécessité ne me blesse pas ;* amor fati, *tel est le fond de ma nature*[1].

On peut difficilement être plus clair en matière d'autoportrait et d'identification d'un cas singulier, le « cas Nietzsche » en somme. Celui d'un être que rien n'entame, ni ne diminue dans sa puissance d'exister. Ce qui ne peut pas nous tuer nous rend-il plus forts ? Cela ne doit pas, quoi qu'il en soit, nous détourner de l'affirmation de l'existence dans tous ses aspects. La nouvelle année nous met en demeure d'y penser sans cesser de vivre. De vivre sans cesser d'y penser.

1. Cf. *OPC*, volume VIII, traduction de Jean-Claude Hémery, Gallimard, p. 332.

CETTE IDÉE d'un sentiment ou d'une aspiration qui ne vaut que pour et par soi, on pourrait l'appeler *pensée* ou *esprit de janvier.* On en repère de multiples traces dans le quatrième livre du *Gai Savoir.* L'aphorisme 276 s'y trouve associé à d'autres textes dans un réseau d'affinités non dites. Ainsi, l'aphorisme 289, intitulé « *Levons l'ancre !* »[1], s'ouvre-t-il sur la nécessité de considérer

> *comment une justification philosophique intégrale de* sa *manière de vivre et de penser agit sur chaque individu.*

Nietzsche y évoque un « *soleil qui* le *réchauffe,* le *bénit,* le *féconde* », un « *soleil, qui ne brille que pour lui* ». Ce qui lui permet

> *de s'écrier avec nostalgie : Que ne puissent être créés beaucoup de nouveaux soleils semblables ! L'homme méchant, l'homme malheureux, l'homme exceptionnel doivent avoir eux aussi leur philosophie, leur droit propre, leur rayon de soleil !*

Le soleil de Gênes a produit sur lui des effets qu'il n'est pas près d'oublier. Il lui a pourtant laissé le sentiment de n'avoir brillé que pour lui, lui redonnant ainsi le goût et la force d'aimer au moment de tourner la page des années les plus noires de sa vie.

---

1. Cf. *Le Gai Savoir*, volume V, in *OPC*, traduction de P. Klossowski revue, corrigée et augmentée par Marc B. de Launay, Gallimard, p. 196.

De même, dans l'aphorisme 320, « *Au moment de se revoir* »[1], Nietzsche construit un petit dialogue qui mérite d'être cité dans son intégralité tant il est explicite :

> *A : Je ne te comprends plus tout à fait. Tu cherches ? Où donc, au sein du monde qui passe maintenant pour réel, se trouvera un coin* à toi, *où se trouve ton étoile ? Où donc sera ta place au soleil en sorte que, toi aussi, tu jouisses d'un excédent de bien-être, et que se justifie ton existence ? Puisse chacun n'en avoir cure que pour lui-même – voilà ce que tu sembles dire – et cesser une fois pour toutes de discourir de l'intérêt général, de se préoccuper du sort d'autrui et de la société ! – B : Mon ambition est bien plus grande, et je ne suis point un chercheur. Ce que je veux, c'est me créer un soleil personnel.*

Ces deux textes expriment un même souci de faire sienne l'existence. D'adopter sur elle un point de vue qui ne vaut que pour celui qui en est capable. Sans qu'il n'y ait rien à voir ici avec un plat éloge de l'égoïsme auto-satisfait, ni une simple affaire de performance individuelle. Ce dont il est question, pour Nietzsche et pour quiconque entreprend de lever l'ancre lors de l'année nouvelle, c'est de prendre le large, de donner congé à toute une tradition de négateurs et de calomniateurs haineux. À tous les idolâtres de la Vérité et du Bien, qui ont voulu corriger l'existence et la déprécier, au profit d'un arrière-monde ou d'un au-delà, dont les religions et les morales ont fait leur fonds de commerce.

Nietzsche insiste donc sur ce qu'il ne veut pas être, ni devenir, soit un énième combattant qui entrerait en guerre contre le laid au nom du beau, comme un accusateur de plus – puisque le monde en regorge déjà à l'heure du nihilisme ! Il ne veut pas même apparaître comme celui qui accuserait les accusateurs, au risque de s'inscrire aussi dans ce même mouvement de contemption et de rejet des choses et du monde. À ses yeux, l'*amor fati* est la seule pensée qui permette d'en prendre le contre-pied et

1. *Ibid.*, p. 215.

de dégager ainsi une voie de sortie, une ligne de fuite vers autre chose que ce cycle infernal d'accusations et de négations, dont tous les grands systèmes métaphysiques, religieux et moraux ont été les promoteurs et les diffuseurs les plus constants et les plus obstinés. Comment le peut-elle et en quoi consiste-t-elle ? Par quelle attitude peut-elle concrètement et immédiatement se traduire ?

Le verbe *Wegsehen* en allemand est formé sur deux mots : *Weg*, le chemin[1], et *sehen*, voir, considérer. On pourrait traduire littéralement par voir (un autre) chemin, prendre un chemin de traverse, regarder dans une autre direction ou regarder ailleurs. L'expression « *détourner le regard* » est sans doute la plus adaptée, même si elle comporte un inconvénient majeur. On détourne généralement les yeux de ce qui ne nous intéresse pas, et plus encore de ce qui nous insupporte, voire nous dégoûte. On y consent donc généralement *nolens volens*, contre notre gré, de façon involontaire et douloureuse. Ainsi compris le fait de détourner le regard ne semble pas si éloigné des formes d'accusation et de négation dont Nietzsche entend expressément se déprendre.

Ce dernier emploie pourtant cette expression en un tout autre sens. Se détourner, c'est littéralement prendre une autre voie, suivre une autre route que celle du commun, emprunter un itinéraire bis hors des routes balisées de la métaphysique et de la morale pour faire un tour sur soi-même, ou plutôt un retour vers soi-même. Il ne s'agit plus de regarder les autres, ni à la manière

1. Le mot connote aussi le mouvement dans sa racine européenne. Nous remercions Françoise Dastur de cette indication précieuse. Cf. aussi *Le Gai Savoir*, § 321, in *OPC*, volume V, traduction de P. Klossowski revue, corrigée et augmentée par Marc B. de Launay, Gallimard, p. 215-216.

des autres, mais de choisir et de déterminer seul ce qui mérite d'être considéré, au double sens de regardé et d'estimé. Il ne s'agit donc plus là de rien de grégaire, ni peut-être même de simplement commun. Il y a dans une telle attitude une exigence qui est à la mesure de l'événement du Jour de l'an. Elle correspond à la nécessité de ne pas regarder en arrière, mais vers l'avant, de se détourner de ce qui est advenu pour se tourner vers ce qui arrive. C'est la condition de la vie en général. S'ouvrir à la nouveauté, à l'inédit, à ce qui n'est pas encore représentable, tel est le sens de ce détournement du regard. Mais quelle part d'affirmation et de négation comporte-t-il selon Nietzsche ? Comment ne pas lui donner la forme d'une accusation de la réalité, de soi et du monde, à la manière de ceux qui vivent négativement dans le ressentiment et dans la haine de ce qu'ils sont et de ce qu'ils ont été ?

À proprement parler, il ne s'agit pas de renoncer à toute forme de négation. L'aphorisme 307 du même livre quatrième du *Gai savoir* s'intitule « *En faveur de la critique* »[1]. Nietzsche y rappelle que ce qui

> *apparaît comme une erreur* [que l'on] *aimai[t] autrefois en tant que vérité et en tant que vraisemblance* [et qu'on] *rejette donc loin de [s]oi,* [tout cela] *n'est que l'effet de la disparition ou de l'effondrement d'un « besoin »*.

Car c'est le besoin qui commande notre « connaissance » du monde et des choses. Le processus général de la connaissance prend des formes multiples et il a une unité aussi fumeuse que la « volonté ». Il est associé à une image que Nietzsche emploie dans *Ainsi parlait Zarathoustra*[2], celle d'un « *chien à la langue*

1. Cf. *OPC*, volume V, traduction de Pierre Klossowski revue, corrigée et augmentée par Marc B. de Launay, Gallimard, p. 209.
2. Cf. *Ainsi parlait Zarathoustra*, Deuxième partie, « De l'immaculée connaissance », in *OPC*, volume VI, traduction de Maurice de Gandillac, Gallimard, p. 143.

pendue », soit celle d'un être dont la soif (c'est le mot qu'on associe couramment à la connaissance et à la curiosité intellectuelle) veut à tout prix être étanchée, afin de survivre et de conserver son être. La connaissance ne peut que se méconnaître elle-même. Il lui manque l'œil par lequel elle pourrait se regarder en face.

Dans le processus d'affirmation de soi, la négation n'est pas entièrement à rejeter. Elle n'est pas toujours un signe de grégarité, de réactivité ou de décadence. Elle peut, à certaines conditions et sous une forme bien identifiée, appartenir à l'arsenal de nos moyens de vivre et de nous affirmer. Ainsi, Nietzsche déclare-t-il dans le même aphorisme :

> *Lorsque nous exerçons notre esprit critique, il n'y a là rien d'arbitraire ni d'impersonnel – et assez souvent tout au moins, c'est la preuve que des forces vivantes sont à l'œuvre, prêtes à faire éclater une écorce.* Nous *nions,* nous *devons nier, pour autant que quelque chose en nous* veut *vivre et s'affirmer, quelque chose que peut-être* nous *ignorons, que* nous *ne voyons pas encore ! – Cela dit en faveur de la critique* (nous soulignons).

La négation ne vaut pas ici comme accusation réactive, mais comme une forme parmi d'autres de l'affirmation et du vouloir-vivre – en un sens toutefois bien différent de Schopenhauer, puisque c'est l'individu qui atteste ainsi de sa santé et de sa vitalité, plutôt qu'un principe aveugle et impersonnel dont celles-ci dépendraient.

Comme Nietzsche l'indique[1], on peut aussi tenir le fait de « *nier la vie* » pour quelque chose qui est « *encore un moyen de développer la vie* ». La négation n'est pas en elle-même une tendance à rejeter. Tout dépend de la force qui s'en empare et qui la commande, et de la cible qui est visée, soit de ce qui se trouve nié. Détourner le regard, c'est littéralement le porter plus loin, sur et vers ce qui est digne d'être considéré dans sa nécessité et

1. Cf. Fragment posthume 35(37), in *OPC, Fragments posthumes Automne 1884-automne 1885*, volume XI, traductions de Michel Haar et Marc B. de Launay, Gallimard, p. 256.

dans sa beauté. Mais rien n'indique que la négation échappe en elle-même à toute forme de nécessité. Elle peut, au contraire, s'interpréter aussi dans certains cas comme une condition de l'affirmation. De même que celle-ci, adoptée ou brandie béatement comme la seule attitude possible, détruit du même coup ce qui fait sa valeur et sa positivité. Ainsi, l'âne d'*Ainsi parlait Zarathoustra*[1] n'est-il capable que de dire Oui (*Ja, I-A !*), de le dire à tout et à tous, de sorte qu'en acceptant n'importe quoi, il n'affirme rien ni personne. C'est l'image du pourceau qui peut tout avaler, tout mâcher et tout digérer. Dire oui « *en bloc* », rappelle Nietzsche dans le paragraphe 51 de *L'Antéchrist*, c'est la mauvaise manière d'approuver. À la limite, elle consiste à ne rien approuver du tout. Ne pouvoir dire *que* oui, c'est ne pas savoir et ne pas pouvoir dire oui.

Dire oui, acquiescer, affirmer sont des attitudes qui supposent et qui impliquent en effet de pouvoir dire non, de choisir et de déterminer librement ce à quoi on peut dire oui et ce à quoi on doit dire non. Comme Zarathoustra, il faut être capable de devenir un être qui

> *sait dire non à tout ce à quoi on a toujours dit oui sans être un négateur*[2].

C'est le principe de la morale aristocratique selon Nietzsche : savoir dire non au ressentiment, au refus de la vie et à la « *métaphysique de bourreau* », à la haine de la vie proprement chrétienne, alors même que le Rédempteur, le Christ (que Nietzsche met à part, en le maintenant hors du délire paulinien de rejet de la vie et de la réalité), est incapable de négation, comme il le dit au paragraphe 32 de *L'Antéchrist*.

Plutôt qu'au « ni oui, ni non », c'est au « et oui, et non » que semble nous inviter Nietzsche. Il connaît trop bien les Évangiles

1. Cf. les troisième et quatrième parties.
2. Cf. *Ecce homo*, « Pourquoi j'écris de si bons livres », à propos d'*Ainsi parlait Zarathoustra*, § 6, in *OPC*, volume VIII, traduction de Jean-Claude Hémery, Gallimard, p. 314.

pour ne pas connaître le fameux « *oui, oui, non, non* » de Matthieu (5, 32). Ou ces mots de Paul, son ennemi le plus viscéral avec Platon, dans l'*Épître aux Corinthiens* (2, 1) :

> *[...] mes résolutions sont-elles des résolutions de chair, de sorte qu'il y ait en moi le oui et le non ?*

Tournant le dos aux apôtres, Nietzsche entend bien aussi « dire non » et même « faire non ». C'est la deuxième tâche après avoir dit oui, rappelle-t-il dans *Ecce homo*[1]. Mais dire oui au sens où lui l'entend, c'est le contraire de l'Amen chrétien. Celui-ci constitue la forme d'assentiment à laquelle il substitue une autre forme d'affirmation et d'acquiescement, qui, sans contradiction avec tout ce qui précède, est un oui accordé à toutes choses, un oui illimité, qui englobe aussi la faculté de dire non. La négation et la destruction appartiennent aussi à l'affirmation. Elles en sont des étapes et des conditions essentielles. Du moins tant qu'elles ne virent pas à l'accusation, ni au ressentiment – tendances chrétiennes de la morale comme négation de la vie. La probité telle que Nietzsche la conçoit, c'est de faire de chaque oui et de chaque non un « *cas de conscience* »[2]. D'en peser la valeur et le sens à l'aide d'une balance non plus morale, mais esthétique, celle qui permet de reconnaître dans la nécessité la beauté elle-même. N'est-ce pas cela aussi, l'esprit de janvier et l'épreuve pour chaque individu qui cherche à s'approprier et à devenir celui qu'il est ?

---

1. Cf. *op. cit.*, à propos de *Par-delà bien et mal*, § 1, in *OPC*, volume VIII, traduction de Jean-Claude Hémery, Gallimard, p. 319.
2. Cf. *L'Antéchrist*, § 50, in *OPC*, volume VIII, traduction de Jean-Claude Hémery, Gallimard, p. 213-214.

L'APHORISME 277 est sensiblement plus long que celui qui le précède. Il n'évoque pas explicitement la nouvelle année. Il forme pourtant le verso de la même carte de vœu de Saint-Janvier. Il y est question d'une « *providence personnelle* (Persönliche Providenz) » et d'un « *certain point culminant* (hohen Punct) *de la vie* », celui où nous « *sommes contraints de faire notre probation la plus pénible* ». De quoi s'agit-il, au juste ? Nietzsche évoque ces situations où,

> *en dépit de toute notre liberté, de notre refus d'accorder une bonté et une raison providentielles au beau chaos de l'existence,*

nous en arrivons à l'idée et au constat que

> *la pensée d'une providence personnelle se présente à nous de la plus envahissante façon, et [qu'] elle a pour elle le meilleur porte-parole, l'apparence, dès lors qu'il nous est tangible que toutes choses qui nous adviennent,* tournent constamment à notre avantage.

Tout se passe alors (qui ne l'a jamais vécu ?) comme si

> *la vie de chaque jour, à toute heure, semble ne plus tendre à autre chose qu'à confirmer par de nouvelles preuves cette interprétation ; qu'il s'agisse de n'importe quoi, du mauvais comme du beau temps, de la perte d'un ami, de maladie, de calomnie, de la non-venue d'une lettre, d'un pied foulé, d'un coup d'œil dans un magasin, d'un contre-argument, d'un livre ouvert au hasard, d'un rêve, d'une tromperie : l'événement se révèle aussitôt ou*

> *bientôt après comme quelque chose qui « ne pouvait pas ne pas se produire » – il est plein de sens profond et de profit précisément pour nous !*

C'est de l'expérience d'une certaine forme de nécessité dont parle Nietzsche. Mais d'une nécessité à laquelle on n'a pas même besoin d'acquiescer, puisqu'elle épouse exactement les contours de nos aspirations et qu'elle correspond au sens que nous donnons à chaque fait qui, de près ou de loin, sans que nous en soyons le moins du monde l'auteur, nous touche directement. Il ne s'agit pas d'une illusion rétrospective, ni d'un fantasme mégalomaniaque, mais d'une forme d'accomplissement supérieur de notre être rendu possible par sa connexion en tous points signifiante et profitable aux choses et aux circonstances extérieures, qui cessent d'exister et de se produire indépendamment de nous. Ici, le cours chaotique des choses n'exclut ni la nécessité, ni la beauté. Il en est l'expression la plus aboutie. C'est le « *beau chaos de l'existence* ». Celui dont parle à sa manière Milan Kundera, dans *L'Insoutenable légèreté de l'être*[1], en des termes que Nietzsche n'aurait sans doute pas rejetés :

> *L'homme, guidé par le sens de la beauté, transforme l'événement fortuit en un motif qui va ensuite s'inscrire dans la partition de sa vie.*

Écartant le recours aux dieux d'Épicure, qu'il se refuse à « *abjurer* » comme tous les autres « *serviables génies* », Nietzsche nous enjoint de

> *supposer que notre propre habileté pratique et théorique* (praktische und theoretische Geschicklichkeit) *dans l'interprétation et la coordination des événements aura atteint ici son point culminant* (hohen Punkt).

Arrêtons-nous sur cette notion de *Geschicklichkeit.* Elle n'est pas sans évoquer le terme allemand courant *Schicksal,* avec lequel elle partage la même racine et qui désigne le destin, le *fatum.* Sans présumer « *trop de ce doigté de notre sagesse* », mieux vaut reconnaître alors, selon Nietzsche, que « *quelqu'un joue avec nous – le cher hasard* » et s'en tenir à ce « *qui alors réussit à notre main insensée* ».

1. Cf. *ibid.*, p. 82.

La main (*Hand*) renvoie à ce qui dépend de nous, à ce que nous accomplissons par nous-mêmes, comme lorsque dans un jeu de hasard, « la main » nous est donnée ou que nous disons à propos d'une entreprise quelconque que, sur elle, nous « avons la main ». Mais c'est d'une main dont (se) joue le hasard, d'une « *main insensée* (sinnlose) » dont il est question. À moins qu'il ne s'agisse de celle qu'il convient de « reprendre », selon l'expression consacrée, quand notre vie semble prendre un cours sur lequel notre volonté n'a à proprement parler plus de *prise*. Rester en prise avec soi ou le devenir enfin, c'est peut-être cela que l'année nouvelle suscite en nous comme la tentation la plus forte, le désir le plus irrépressiblement nôtre d'une « *providence personnelle* ». L'esprit de janvier semble parfois faire se lever une brise qui pourrait nous être favorablement rafraîchissante, comme si le vent de la nécessité tournait soudain à notre avantage et se chargeait d'un sens qui pouvait nous être profitable à nous, et à nous seulement. Et comment imaginer que nous n'y soyons pour rien, qu'un tel sort favorable ou défavorable puisse ne dépendre nullement de nous, que les éléments de la vie soient seuls en cause dans ce qui nous arrive ?

C'est précisément de cela qu'il est question dans la dernière phrase de l'aphorisme 276. Elle contient la formule la plus frappante et la plus originale du texte, mais aussi la plus difficile et la plus lourde de sens – sens dont se trouvent lestés non seulement l'aphorisme qui lui fait suite, mais la totalité du livre quatrième intitulé, pour cette raison même, *Sanctus Januarius*.

Nietzsche y exprime de façon exclamative son vœu le plus cher, celui que, en tout et pour tout, à tout prendre (*in Allem und Grossen*), il veut considérer comme la pointe ultime de cette première pensée de janvier qui lui a tant tenu à cœur *à lui*. Jouant sur l'allemand *Januar*, il se souhaite à lui-même de faire de ce *Ja*, oui en allemand, *Ja*hr[1], qui signifie année dans la même langue,

1. Cf. Le beau texte de Jean Maurel, « *Oui, sept fois oui !* », in *Pourquoi nous sommes nietzschéens*, ouvrage coordonné par Dorian Astor et Alain Jugnon, Les

le trait qui résume et singularise son être en totalité, une fois écartées les formes réactives que sont la négation et l'accusation. Son vœu le plus cher, celui qui a été le premier à traverser son cœur d'homme vivant et pensant, c'est de n'être plus (*nur noch*) que pure adhésion, totale affirmation (*Behauptung*) et plein acquiescement (*Zustimmung*).

Cette formulation restrictive, qu'on peut traduire par « rien d'autre » ou « pas autre chose que », exclut par principe toute forme de négation de la première pensée de janvier. Elle prend la forme d'un vœu qui supplante tous les autres et en fournit comme l'étalon. Non seulement dire oui à ce qui advient, mais *devenir soi-même* un oui, *faire* oui en somme, à la manière de Raphaël, qui « *disait oui, faisait oui* », comme Nietzsche l'écrit au paragraphe 9 de ses « Divagations d'un inactuel », dans *Crépuscule des idoles*[1]. Cela impose qu'on pousse encore un peu plus la porte de janvier, qu'on l'entrebâille plus franchement pour en faire sortir un « oui » d'un genre absolument nouveau, comme l'année sur laquelle il ouvre et vers laquelle il nous permet de nous tourner d'une manière elle aussi nouvelle.

Ce oui est à proprement parler illimité, infini. Il n'a ni objet déterminé, ni cadre temporel précis. Le texte dit « *irgendwann* », qu'on peut traduire par « désormais », « pour les temps à venir » ou encore « n'importe quand ». Il est ouvert à toutes les choses qui se présentent, à tout ce qui advient sans aucune exception. Ce n'est pas le cas de tous les oui. Il existe de multiples oui et autant de façons de les consentir. Tout contrat en tant qu'artifice

---

impressions nouvelles, 2016, p. 137-165. Ce livre était achevé lorsque nous avons lu cet article. Notre dette envers Jean Maurel, infinie, vient de toute façon de bien plus loin. Voir aussi l'article plus ancien de François Guibal « F. Nietzsche ou le désir du oui créateur », *Revue philosophique de Louvain*, année 1984, volume 82, n° 53, p. 55-79. Et le livre stimulant de Martin Steffens, *Nietzsche. Pas à pas*, Ellipses, Paris, 2008 : notamment dans la quatrième partie, « Le sens fort de l'homme ou "l'homme tragique" », les deux premières sections sur le « dire-oui et le « oui tragique », p. 195-216.

1. Cf. *OPC*, volume VIII, traduction de Jean-Claude Hémery, Gallimard, p. 113.

de la volonté humaine contient son oui (et donc aussi son, voire ses non). Celui des mariés est le premier qui vient à l'esprit. Il en est comme la forme par excellence, celle que l'amour inscrit dans les registres municipaux, quand on conduit sa maîtresse ou son amant à la mairie. Il ouvre un temps indéterminé, car « *le Oui de l'amour, sous peine de contradiction, se veut éternel au moment où on le prononce* »[1], du moins en principe.

Si l'on songe à toutes les demandes que les êtres humains s'adressent les uns aux autres, à toutes les décisions qu'ils prennent, à tous les choix qu'ils opèrent, même lorsqu'il s'agit de cesser ou de s'abstenir de faire quelque chose, on voit qu'ils ont pour finalité d'affirmer la valeur positive d'un principe, au détriment d'un autre qui se trouve nié ou refusé. Par exemple, se marier plutôt que vivre dans une union non formalisée par la loi. Mais suivre un régime alimentaire, s'imposer des restrictions pour échapper à une dépendance (nourriture, alcool, tabac, drogue, jeu, sexe, sociabilité virtuelle, etc.) ou pratiquer une activité jugée utile à titre individuel ou collectif (sport, volontariat, engagement politique ou social, etc.), comme se l'imposent nombre d'individus quand le calendrier vire à janvier et que ses pages ne sont encore maculées d'aucune trace de passivité coupable, c'est encore produire un oui à ce que l'on souhaite dans l'intimité de sa conscience, et qui, parfois, se transforme, plus ou moins durablement, en un acte.

Le oui dont parle Nietzsche dans cet aphorisme, et plus largement dans les innombrables textes dans lesquels il y fait allusion, est un oui d'un tout autre genre. Ce n'est pas le oui circonstanciel et particulier qui porte sur telle option vulgaire de l'agir individuel ou collectif. Il n'a pas la tonalité légaliste, ni hygiéniste, ni moralisante, qui est celle des résolutions et des vœux qui, indéfiniment reformulés, sont exceptionnellement suivis d'effets et rarement inscrits dans la durée nécessaire à leur réalisation effective et pérenne.

1. Cf. Vladimir Jankélévitch, *L'Aventure, l'ennui, le sérieux*, in *Philosophie morale*, Flammarion, coll. Mille et une pages, p. 848.

C'est d'un oui à l'existence *tout* entière dont il est ici question. À *l'intégralité* de ses aspects, y compris les plus sombres, les plus obscurs et les plus terrifiants : la mort, le deuil, l'échec, la maladie, l'impuissance face à la force aveugle des choses et au poids sourd du réel, la séparation, le déclin, le vieillissement, la disparition, l'oubli, les passions tristes, le sort malheureux des entreprises, l'abandon des projets, le départ de l'ami, la brouille sotte et irréversible, la difficulté à se satisfaire de ce qu'on est ou de ce qu'on a, l'accident, la trahison, etc. C'est tout cela qu'il faut apprendre non seulement à reconnaître et à admettre, mais à *aimer* et à vouloir affirmer, malgré nos souhaits et nos désirs contrariés, en dépit de nos valeurs et de nos espérances bafouées. Comment faut-il comprendre cette affirmation intégrale de la vie et du monde ? Est-elle encore une forme de résignation ou de renoncement ? Exclut-elle toute forme d'accusation, de négation et de renoncement ?

Nier un élément réel revient à nier toute la réalité, dont la caractéristique première est, pour le penseur de la volonté de puissance identifiée à la vie, l'homogénéité. Chaque chose est solidaire de toutes les autres. En nier une seule, c'est risquer d'emporter avec elle toutes les autres. C'est ce que l'interprétation morale du monde, qui a pour fondement une erreur méthodologique lourde de conséquences, ne peut tolérer. Elle préfère rejeter, calomnier, dévaloriser plutôt qu'affirmer l'existence dans tous ses aspects, surtout les plus terribles et les plus affreux. L'*amor fati* est la réponse de Nietzsche au problème de l'existence. Elle ne peut être formulée que par un être qui a « *atteint le plus haut état qu'un philosophe puisse atteindre* », cet état « *dionysiaque* »[1] qui correspond à une affirmation intégrale de l'existence. Ici, « *dire oui à un seul instant* », c'est dire oui « *non seulement à nous-mêmes mais à l'existence tout entière* »[2].

1. Cf. Fragment 16 (32), in *OPC*, *Fragments posthumes Début 1888-début 1889*, volume XIV, traduction de Jean-Claude Hémery, Gallimard, p. 244.
2. Fragment posthume 7(38), in *OPC*, *Fragments posthumes Automne 1885-automne 1887*, volume XII, traduction de Julien Hervier, Gallimard, p. 298.

On ne peut conclure la lecture de cet aphorisme sans inscrire ce dernier dans la structure de l'ouvrage au principe duquel Nietzsche le place. Nietzsche ajoute un cinquième livre au *Gai Savoir*. C'est un fait unique dans toute sa production philosophique, si l'on met de côté les nouvelles préfaces qu'il rédige en changeant d'éditeur en 1886. Le quatrième livre s'achève, dans la première édition, celle de 1882, sur les aphorismes 341 et 342, qui traitent l'un et l'autre de l'éternel retour. Dans le premier, Nietzsche en parle comme du « *poids le plus lourd* », alors que le second, intitulé *Incipit tragedia* (la tragédie commence), reprend mot pour mot un passage qui se trouve déjà dans le prologue de la première partie d'*Ainsi parlait Zarathoustra*, à propos du déclin de Zarathoustra.

L'éternel retour n'est pas une théorie scientifique, ni une doctrine cosmologique. Nietzsche le conçoit plutôt comme une nouvelle religion, qui exige un long travail avant d'être comprise et acceptée[1]. Zarathoustra lui-même se perd dans la difficulté à saisir le sens de ce qui est tout sauf une religion soudaine, celle des « *âmes les plus libres, les plus gaies, les plus sublimes* ». Quand il lui

1. Cf. Fragment posthume 11(158), in *OPC*, *Le Gai Savoir*, *Fragments posthumes Été 1881-été 1882*, volume V, traduction de Pierre Klossowski revue, corrigée et augmentée par Marc B. de Launay, Gallimard, p. 371.

arrive de l'oublier, les animaux lui rappellent sa propre doctrine, que jamais il ne formule explicitement. Présente dans l'aphorisme 341 du *Gai Savoir*, puis à nouveau dans le paragraphe 56 de *Par-delà bien et mal*, elle fait l'objet d'une annonce toujours *reportée*, comme s'il s'agissait de « *l'annonce d'une annonce* » et, à vrai dire, d'une forme de *non-communication* de la part de Zarathoustra[1]. Les animaux n'y entendent pas grand-chose. Ils restent pris dans la répétition toujours identique des cycles naturels : « *l'année de l'Être* » leur interdit de saisir ce qu'il en est de « *l'éternel sablier de l'existence* ». Ils sont voués à une même rengaine dont ils ne peuvent s'extraire. Dans leur ritournelle, les oiseaux demeurent étrangers au dégoût d'exister, qu'ils n'ont de ce fait pas non plus à surmonter. Nietzsche présente cette pensée annoncée comme la forme suprême d'acquiescement à tout ce qui est. L'*amor fati* en est l'autre versant.

C'est pourquoi ces deux éléments les plus fondamentaux de sa pensée, l'*amor fati* (§ 276) et l'éternel retour (§ 341 et 342), qui ne font l'objet d'aucune présentation didactique ni d'aucune pédagogie, viennent sertir le livre quatrième du *Gai Savoir*. Celui-ci est entièrement voué à fonder un nouveau type de connaissance appelé « *gai savoir* », qui se trouve lui aussi privé d'un véritable exposé doctrinal. L'éternel retour est le nom d'une épreuve plutôt que d'un enseignement. Il est cette pensée affirmative qui exige une multiplicité de modes de présentation et d'exposition pour surmonter la difficulté extrême qu'il représente et pour offrir à celui qui s'en saisit un pouvoir essentiel et inédit de métamorphose. Il permet de naviguer entre le Charybde du désespoir (la mort, certaine, ne conduit vers aucun au-delà suprasensible et l'existence est privée de sens et de fin ; le nihilisme s'impose comme absence de tout ce qui pourrait justifier *a priori* l'existence) et le Scylla de l'acquiescement béat (on peut affirmer

---

1. Cf. Michel Haar, *Par-delà le nihilisme*, « Les animaux de Zarathoustra. Forces fondamentales de la vie », PUF, 1998, p. 199.

même les aspects les plus terribles de l'existence, dès lors qu'on est délivré de la croyance au salut et aux arrière-mondes), en évitant le double écueil de la résignation et de l'affirmation aveugle.

Trois questions se posent ici. Que signifie « éternel » dans l'expression « éternel retour » ? Si ce qui est advient par nécessité et revient de façon éternellement identique, pourquoi y aurait-il lieu d'en produire une affirmation, qui ne pourrait en tant que telle qu'appartenir déjà à cette nécessité ? Qu'est-ce que peut représenter une année nouvelle du point de vue d'une doctrine qui fait du retour identique et de la répétition de toutes choses ce qu'il faut non seulement reconnaître, mais aimer ?

Éternel ne veut pas dire sempiternel, soit ce qui dure toujours. Ce n'est pas non plus l'immobilité d'un temps qui ne passe pas, au sens de l'intemporel. Ce n'est pas davantage ce qui est hors du temps et lui échappe. L'éternel est le retour comme tel de l'unicité et de l'identité des existences, qui est la loi du devenir. Il n'y a pas d'un côté le retour et de l'autre l'éternité, qui seraient comme deux entités distinctes qu'il s'agirait de superposer. Ce sont plutôt deux éléments indissociables. L'éternité est un attribut du retour en tant que tel, qui ne peut être seulement occasionnel ou circonstanciel. Tel est l'objet de l'*amor fati* : reconnaître l'existence comme un processus aveugle et infini de création et de destruction qui demeure de part en part soumis à la dimension circulaire du cours des choses comme à une loi immanente au monde et à l'Histoire. Tantôt ascendante, tantôt descendante, cette circularité a la forme d'une spirale, et non d'un cercle.

Mais comment comprendre le sens d'un amour qui acquiesce à tout ce qui est et qui revient éternellement ? L'amour du Retour est souvent associé à un anneau par Nietzsche, à « *l'anneau des anneaux* » (*annus* donne aussi année). Il est l'anneau nuptial du Retour qui associe celui qui l'affirme à toutes les choses. Ce point est l'objet d'une controverse parmi les commentateurs les plus subtils de Nietzsche. S'agit-il d'une décision qui dépend d'un instant (*Augenblick*) essentiel, « *l'instant d'être-soi* », dans lequel un individu assume son propre rapport au temps, et par lequel tout est appelé à revenir, comme le pense Heidegger[1] ? Ou bien la nécessité du retour est-elle ce qui précède, devance et déborde par avance toute affirmation volontaire et consentie de celui-ci, qui s'est en un sens toujours déjà voulu lui-même, comme le laisse entendre Michel Haar[2] ?

La première lecture, appelons-la décisionniste, a pour elle le fameux coup de dent du berger qui, dans *Ainsi parlait Zarathoustra*[3], vient mordre avec toute la violence affirmative de la vie le serpent noir qui symbolise le dégoût d'exister et le nihilisme dans sa forme la plus extrême comme absence de sens (*Sinnlose*) et de but. C'est ce coup de dent, qui, dans l'instant, rend l'existence supportable et ouvre la possibilité de l'innocence du devenir comme unique loi. Ainsi, l'éternel retour est l'affirmation la plus haute et la plus forte qu'un étant puisse consentir à l'Être. Mais, la seconde lecture ne manque pas de séduire elle aussi. Elle semble trouver dans l'un des *Dithyrambes de Dionysos*[4] une confirmation possible. Ainsi Nietzsche écrit-il :

Très belle constellation de l'être !
Table de figures éternelles !
Est-ce toi qui viens à moi ?
Ce que personne n'a vu,
Ta muette beauté,
Comment ? Elle ne fuit pas mes regards…
Enseigne de la nécessité !
Table de figures éternelles !
Tu le sais déjà

1. Cf. cité par Michel Haar dans *Par-delà le nihilisme. Nouveaux essais sur Nietzsche*, chapitre III, « L'instant et l'éternité dans le *Zarathoustra* », PUF, 1998, p. 163.
2. Cf. *ibid.*, p. 151-177.
3. Cf. IIIe partie, « De la vision et de l'énigme », in *OPC*, volume VI, traduction de Maurice de Gandillac, Gallimard, p. 175-179.
4. Cf. *Dithyrambes de Dionysos*, « Gloire et éternité », traduction et présentation de Michel Haar, Gallimard, coll. « Poésies », p. 234.

Ce que tous détestent,
Ce que je *suis seul à aimer,*
Que tu es éternelle
Que tu es nécessaire
Mon amour ne s'enflamme
Éternellement qu'à la seule nécessité.
Enseigne de la nécessité !
Très haute constellation de l'être !
Toi qu'aucun vœu n'atteint
Que ne souille aucun Non,
Éternel Oui de l'être, Éternellement, je suis ton Oui :
Car je t'aime, Ô éternité !

Tout semble indiquer alors que chaque oui volontairement accordé ne sera que l'écho d'un Oui plus originel qui revient éternellement et sur le fond duquel tous les autres oui ne peuvent que se détacher. Mais si l'on s'en tient à cette conception, l'*amor fati* accuse un étrange retard jamais rattrapable sur le Retour, lui courant pour ainsi dire indéfiniment après. Alors, l'éternel retour se confond avec l'Être lui-même, qui s'auto-affirme dans un processus qui contient par avance tous les oui possibles et nécessaires. Dire oui semble alors moins un acte volontaire qu'un processus sans sujet qui ne requiert aucune décision volontaire.

Chacune de ces deux lectures a sa cohérence et sa force de persuasion propre. Dans le premier cas, le Retour a pour condition son affirmation, et il se trouve suspendu non seulement à une décision, mais à un acte. C'est bien ce qui se produit lors d'un passage à la nouvelle année. Il ne suffit pas de souhaiter, ni de se résoudre à quelque chose. Il faut s'engager, produire par soi-même de l'inédit, ouvrir soudainement et brutalement un cycle nouveau dans la continuité vécue du temps. Mais on comprend que si les hommes sont nombreux à le vouloir, et à la limite en principe tous concernés, peu sont en capacité réelle de le faire. Une poignée le fait effectivement. S'il y a retour, c'est souvent du même, mais en un sens pauvre et désespérant. Chacun retombe vite dans les mêmes travers et les mêmes impuissances à l'égard de soi et de ce qui est extérieur à soi. Que les circonstances soient favorables ou pas importe peu. Les dents du berger exigent une dureté et leur usage une précision, une netteté dans le tranchant, qui sont exceptionnellement au rendez-vous de l'an nouveau.

Dans le second cas, l'affirmation est seulement l'écho ou l'effet du Retour. C'est lui qui est inexorablement à l'œuvre dans l'acte d'affirmer. Comme si les dents du berger étaient celles de son chien jouant à mordre vainement sa propre queue. Et qu'il convenait avant tout de se rendre à l'évidence : tous nos petits oui personnels ne seront que la pâle copie, l'écho timide et décevant d'un Oui qui les précède et les enveloppe tous, celui de l'Être à lui-même. Dans cette hypothèse, on peut douter de la pertinence qu'il y aurait à prétendre affirmer quoi que ce soit en première personne. Entrer dans la nouvelle année reviendrait alors à mettre les petits oui dans le(s) grand(s), sans autre espoir que celui d'aimer et d'épouser une nécessité qui n'aurait, avec notre « *providence personnelle* », qu'un rapport bien étroit et illusoire.

Force est de reconnaître qu'aucune de ces deux conceptions n'est tout à fait satisfaisante. Soit il y a un Oui auquel le Retour se verrait suspendu comme à un coup de dent décisif ; soit il y a un Retour dont dépendrait le Oui qui l'affirme, tout en étant déjà contenu et enveloppé en son sein. Pour trancher, le mieux est peut-être de s'en remettre à… Nietzsche lui-même !

RESTE À SAVOIR ce que peuvent bien représenter les vœux et les souhaits d'une année nouvelle du point de vue d'une pensée qui conçoit, à travers l'éternel retour, toutes choses comme enveloppées dans la même nécessité d'airain, y compris le désir de revivre éternellement ce qu'on a déjà vécu. Ne peut-on aspirer qu'à de furtifs instants offrant une coïncidence momentanée et fugitive avec la nécessité qui régit le monde dans sa totalité ? Doit-on se contenter d'un usage occasionnel de cette lyre par laquelle un *Ja-sagen*, un *Ja und Amen*[1] sont momentanément possibles sur fond de nécessité de toutes les éternités ? La nouvelle année n'est-elle pas l'occasion illusoirement unique et première de se saisir d'une vie qui appartient déjà, qu'on l'affirme ou non, qu'on en prenne conscience ou pas, au cycle éternel par lequel toutes choses reviennent à l'identique indéfiniment ? Un progrès peut-il alors seulement se dessiner, là où tout est nécessaire et identique à soi ? Finalement, cette année ou une autre, on pourrait douter que cela change quelque chose si toutes les années se valent, reviennent et se répètent !

Le philosophe tel que le conçoit Nietzsche est le prophète d'une nouvelle religion énigmatique par laquelle l'existence n'est rendue

---

1. Cf. *Ainsi parlait Zarathoustra*, IVe partie, « Le réveil » et « La fête de l'âne », in *OPC*, volume VI, traduction de Maurice de Gandillac, Gallimard, p. 331-338.

supportable qu'en chantant volontairement son étrangeté. Sans cesser d'être terrible, elle ouvre une pensée abyssale qui est à la fois la plus superficielle et la plus profonde, la plus légère et la plus lourde, la plus digne d'être vécue et la plus insupportable. Dans l'aphorisme 54 du *Gai Savoir*, Nietzsche peut ainsi déclarer :

> *Quelle position merveilleuse et nouvelle en même temps qu'horrible et ironique je me sens tenir face à l'existence, avec ma connaissance !*

Et il ajoute un peu plus loin :

> *que le* « connaissant » *n'est qu'un moyen pour faire traîner en longueur la danse terrestre, et que, dans ce sens, il figure parmi les maîtres de cérémonie des fêtes de l'existence*[1].

Le Jour de l'an serait alors la fête de l'affirmation de l'existence sous le double nom de l'éternel retour et de l'*amor fati*. La nouvelle année abordée avec les ressources de la philosophie nous fournirait l'occasion, le *kairos*, d'interroger notre rapport habituel au monde, au temps et à l'existence. Qu'attend-on vraiment de l'année qui vient ? Que serait-on prêt à revivre de façon identique ? Qu'est-ce qui nous importe le plus : ce qui est advenu ou ce qui peut advenir ? Que faire de ce que nous avons déjà vécu ? Et de ce qui n'a encore ni nom ni visage ?

L'épreuve ou l'expérience de l'éternel retour telle que Nietzsche la met dans la bouche d'un démon pénétrant notre solitude comme le malin génie de notre existence, nous murmure à l'oreille ces terribles sentences :

> *Cette vie telle que tu la vis maintenant et que tu l'as vécue, tu devras la vivre encore une fois et d'innombrables fois ; et il n'y aura rien de nouveau en elle, si ce n'est que chaque douleur et chaque plaisir, chaque pensée et chaque gémissement et tout ce qu'il y a d'indiciblement petit et grand dans ta vie devront revenir pour toi, et le tout dans le même ordre et la même succession – cette araignée-là également, et ce clair de lune entre les arbres, et cet instant-ci et moi-même. L'éternel sablier de*

1. Cf. *OPC*, volume V, traduction de Pierre Klossowski revue, corrigée et augmentée par Marc B. de Launay, Gallimard, p. 90-91.

> *l'existence ne cesse d'être renversé à nouveau – et toi avec lui, ô grain de poussière de la poussière !*

Lorsque Nietzsche interroge les effets possibles sur notre vie de cette pensée-là, il pose la question décisive que l'appréhension d'une année nouvelle nous tend à chaque fois comme l'épreuve la plus redoutable et la plus décisive :

> *Si cette pensée exerçait sur toi son empire, elle te transformerait, faisant de toi, tel que tu es, un autre, te broyant peut-être. La question posée à propos de tout, et de chaque chose : « Voudrais-tu de ceci encore une fois et d'innombrables fois ? » pèserait comme le poids le plus lourd sur ton action ! Ou bien ne te faudrait-il pas témoigner de bienveillance envers toi-même et la vie, pour* ne désirer plus rien *que cette dernière, éternelle confirmation, cette dernière, éternelle sanction*[1] *?*

Les vœux sont faits, rien ne va plus ! Mais ne concernent-ils tous que l'avenir ? N'est-ce pas le rapport à ce que nous avons vécu, à ce qu'il en reste et à ce que nous sommes prêts à en faire, qui doit aussi être interrogé ? Referions-nous ce que nous avons fait sans plus pouvoir jamais le défaire ? Et si nous y renoncions, comment pourrait-on affirmer ce que nous sommes et devenir celui qu'on est ?

1. Cf. *Le Gai Savoir*, Livre quatrième, § 341, in *OPC*, volume V, traduction de P. Klossowski revue, corrigée et augmentée par Marc B. de Launay (1982), Gallimard, p. 232-233.

Avant Nietzsche, qui en fut un lecteur et un admirateur tout en prenant rapidement ses distances avec son pessimisme, un écrivain et penseur italien, Giacomo Leopardi (1798-1837), philosophe à sa manière poétique, un être lui aussi taraudé par la rencontre si étrangement féconde du génie et de la maladie, a écrit un dialogue d'une profondeur abyssale entre un vendeur d'almanachs et un passant. Ce texte mérite d'être relu au moment de prendre congé d'une année et d'en vivre une nouvelle. Le passage en question s'ouvre sur le souhait le plus commun, celui que l'année qui vient soit meilleure, à la fois plus heureuse et plus riche que celle qui s'achève – et que les précédentes *ne* reviennent *pas*. C'est le marchand qui formule ce souhait presque naturellement en réponse aux questions que lui pose le passant :

Le Passant. – Crois-tu qu'elle sera heureuse, cette nouvelle année ?
Le Marchand. – Oh ! oui, monsieur.
Le P. – Comme celle qui se termine ?
Le M. – Oh ! bien plus !
Le P. – Comme la précédente ?
Le M. – Encore plus, monsieur.
Le P. – Mais comme quelle autre, alors ? N'aimerais-tu pas que la nouvelle année fût pareille à l'une des dernières années ?
Le M. – Non, monsieur, je ne l'aimerais pas.

Mais, lorsque le passant lui suggère une pensée qui s'apparente étrangement à celle du retour telle que Nietzsche la formule, le marchand n'est plus capable d'acquiescer à ce qui lui est demandé. Il passe brutalement du oui au non :

Le P. – Combien d'années nouvelles as-tu comptées depuis que tu vends des almanachs ?
Le M. – Une vingtaine, monsieur.
Le P. – À laquelle de ces vingt années voudrais-tu que ressemblât l'année à venir ?
Le M. – Moi ? Je ne sais pas.
Le P. – Tu ne te souviens pas d'une année qui t'ait paru heureuse ?
Le M. – Ma foi, non, monsieur.
Le P. – Pourtant, la vie est belle, n'est-ce pas ?
Le M. – C'est sûr !
Le P. – Tu voudrais bien revivre ces vingt années, et même toutes les autres depuis ta naissance ?
Le M. – Eh ! cher monsieur, plût à Dieu que ce fût possible !
Le P. – Même si cette vie était telle que tu l'as déjà vécue, avec exactement les mêmes joies et les mêmes peines ?
Le M. – Cela, non !

Le passant formule alors lui-même l'espérance dont la nouvelle année est le plus communément porteuse, celle d'un futur qui ne peut être que meilleur que le passé, passé que personne ne souhaiterait revivre tant il en a souffert, ni même imaginer qu'il puisse revenir tant il fut accablant et désespérant :

Le P. – Mais quelle vie voudrais-tu donc ?
Le M. – Une vie comme ça, celle que Dieu m'enverrait, sans autres conditions.
Le P. – Une vie au hasard, sans rien connaître de l'avenir, comme pour l'année nouvelle ?
Le M. – Tout juste.
Le P. – C'est ce que je voudrais aussi, si j'avais à revivre, et tout le monde en demanderait autant. Mais cela veut dire que le destin, jusqu'à ce jour, nous a tous fort mal traités. Il est clair que chacun estime avoir reçu plus de mal que de bien, puisque personne n'accepterait de naître une seconde fois pour reprendre son existence antérieure. La vie qui est belle, ce n'est

> *pas la vie que l'on connaît, mais celle que l'on ne connaît pas ; ce n'est pas la vie passée, mais la vie future. Avec l'année nouvelle, le destin va enfin nous traiter comme il faut, toi, moi, tous les autres, et ce sera le commencement du bonheur.*
> *Le M. – Espérons-le*[1].

L'enjeu de la nouvelle année, c'est pourtant bien, selon Nietzsche, d'affirmer le nouveau sans rien retrancher de l'ancien – les deux sont en fait indissociablement liés. Mais cette opération, qui a pour but de créer au-delà de soi-même, de s'ouvrir à ce qui vient, suppose de ne plus opposer passé, présent et futur, comme le fait encore le passant à l'instar de l'homme du commun. Le diagnostic nietzschéen est sans appel :

> *C'est parce que vous mentez à propos de ce qui est que vous n'avez jamais soif de ce qui sera*[2].

Ce qui est et ce qui a été, c'est justement ce qu'il y a de nécessaire dans les choses advenues, ce qui ne peut être autrement qu'il est, et le retour en fait lui-même partie, sans que sa pensée en soit un simple effet. Car c'est la nécessité du retour qui conditionne et ouvre l'affirmation du nouveau à laquelle Nietzsche nous invite, en mettant ses pas dans ceux de son rejeton le plus cher :

> *Zarathoustra définit, une fois, avec rigueur sa tâche – c'est aussi la mienne – afin que l'on ne puisse pas se méprendre sur son* sens *qui est d'*acquiescer, *jusqu'à justifier, jusqu'à racheter même tout le passé*[3].

Le retour n'appartient pas au temps lui-même, à ce qui est attaché à l'homme et à son histoire. Il est ce qui permet de s'approprier et de transformer la nécessité inscrite dans les choses en

1. Cf. *Dialogue entre un vendeur d'almanachs et un passant*, in *Petites œuvres morales*, traduit de l'italien par Joël Gayraud, Allia, 2007, p. 227-229.
2. Cf. Fragment posthume 9(20), in *OPC*, *Fragments posthumes Été 1882-printemps 1884*, volume IX, traductions d'Anne-Sophie Astrup et Marc B. de Launay, Gallimard, p. 363.
3. Cf. *Ecce homo*, « Pourquoi j'écris de si bons livres », à propos d'*Ainsi parlait Zarathoustra*, § 8, in *OPC*, volume VIII, traduction de Jean-Claude Hémery, Gallimard, p. 317-318.

affirmation de soi-même, qui est à la fois métamorphose et transfiguration. C'est justement parce qu'on peut, grâce à la pensée du retour, devenir capable de ne plus rien rejeter, de ne plus rien nier de l'existence et d'affirmer un retour sans sélection de ce qui revient, que cette pensée est ce qu'il y a de plus sélectif en matière de tâche et d'épreuve. Sans appartenir *stricto sensu* au temps, la pensée du retour et le temps qui la porte, un temps libéré de la linéarité historique humaine, trop humaine, constituent donc la clé qui libère l'affirmation non seulement comme possibilité, mais aussi comme effectivité d'un nouveau rapport de nécessité à tout ce qui fut, est et sera. La porte qui ouvre sur le nouveau comporte ainsi deux seuils : la pensée du retour et l'affirmation de soi. La première est condition de la deuxième, mais c'est de ces deux éléments pris comme un tout qu'une autre façon, une *nouvelle* façon de concevoir et de vivre l'existence dépend. C'est le *gai savoir de l'existence.* Il n'exclut pas l'oubli, évidemment, dont la seconde *Considération inactuelle* a fait une qualité nécessaire à la vie de l'homme, et non pas un défaut de son introuvable nature, qui ne peut que rendre enviable l'existence animale. Mais il est surtout le meilleur rempart contre la vengeance, le ressentiment, dont la formule est donnée dans *Ainsi parlait Zarathoustra* :

> *Ceci, oui, ceci seul est la* vengeance *même : la répulsion de la volonté contre le temps et son « ce fut »*[1].

Admirateur de Leopardi comme il le fut de celui qu'il a toujours considéré comme son éducateur[2] et comme le penseur qui lui a le plus permis de lutter contre « *l'amollissement de l'existence* (die Verweichlichung des Daseins) »[3], à savoir Schopenhauer,

1. Cité par F. Dastur dans *Heidegger et la question du temps*, PUF, Philosophies, 1994, p. 1.
2. Cf. la troisième *Considération inactuelle*, « Schopenhauer éducateur ».
3. Cf. Fragment posthume de 1874 34(5), in *OPC*, *Considérations inactuelles III et IV*, volume II**, traductions de Henri-Alexis Baatsch, Pascal David, Cornélius Heim, Philippe Lacoue-Labarthe et Jean-Luc Nancy, Gallimard, p. 209.

Nietzsche ne se range au pessimisme ni de l'un ni de l'autre. Ceux-là semblent converger dans la même résignation et dans le même rejet de ce qui est advenu. En lisant Nietzsche et en prenant au sérieux ce qui paraît relever parfois de la parabole poétique ou du calembour déplacé, chacun est invité à se poser les mêmes questions à propos de toutes les années qu'il a déjà vécues, de celle qu'il vient juste de vivre et de celles qu'il lui sera donné de vivre, à commencer par l'année nouvelle. Objet de désir et de crainte à la fois, elles s'offrent à lui comme la promesse d'être traité favorablement par les circonstances et par les autres. C'est le vœu formulé par le passant de Leopardi. On ne peut s'empêcher de l'espérer nous aussi, avec la conscience toutefois aiguisée par les ans et par la pensée du retour que, si seul ce qui peut être affirmé comme susceptible d'être éternellement revécu est digne de valeur, notre force et notre goût de vivre se mesurent aussi à la capacité toujours renouvelée de « *lever l'ancre* » vers des territoires encore inconnus de nous. Pour éprouver, qui sait, des choses encore jamais ressenties, ni vécues par quiconque.

Le oui intégralement donné à l'année à venir jusqu'à n'incarner soi-même rien d'autre que cette affirmation, n'est-ce pas alors le vœu que chacun peut souhaiter exprimer comme le plus nécessaire et le plus digne d'être formulé, comme le premier à devoir traverser son cœur chaque fois qu'une année touche à sa fin et qu'une autre pointe ? C'est ce que Nietzsche semble nous adresser en guise de carte de vœux pour toute année à venir dans un aphorisme qui ouvre à ses lecteurs une « nouvelle année » de la pensée, dont les fêtes ont pour nom « *amor fati* », « éternel retour », « Zarathoustra », etc. Le maître-mot en est le terme le plus simple qui soit : OUI ! Et si dire oui à l'existence dans la totalité de ses aspects et jusque dans son absence de sens et de fin, devenait simple et beau comme un Jour de l'an ?

Puisqu'il n'y a pas de recette pour devenir heureux, ni de régime pour le rester durablement, on ne peut se donner, lorsqu'une année vire au neuf, que des lignes de fuite, comme autant de perspectives nouvelles, de balises précaires mais véritablement siennes. Elles permettront peut-être au regard de s'accrocher enfin aux bordures d'un chemin qui ne vaudra que pour soi-même. Et qui ne prendra jamais fin, ne prétendra jamais atteindre aucun but (car il n'y en a pas, comme le révèle le voyageur au visage de désert[1]), ne se mesurera à l'aune d'aucune autre route que celle qu'un parcours singulier trace dans le réseau complexe et contingent qui le relie à tous les autres, en ouvrant un temps qui ne vaut que pour lui.

Dans l'ordre indissociablement théorique et pratique de la pensée et de la vie indiqué par Nietzsche, ces repères et ces points d'appui, nous les avons trouvés dans des mots devenus aphorismes, maximes et sentences jetés aux quatre vents de l'existence. On les lira, on les relira peut-être, comme on feuillette en cours d'année le calendrier pour se rappeler ce qui nous attend. On les recevra surtout comme on voudra, dans la seule résonance

1. Cf. *Humain, trop humain*, première partie, § 638, « Le voyageur », in *OPC*, volume III, tome 1, traduction de Robert Rovini, édition revue par Marc B. de Launay, Gallimard, p. 335-336.

de sa propre expérience de vie. Ils sont seuls capables d'exprimer à nos yeux embués par les douleurs et par les bonheurs de la vie les souhaits que chacun(e) osera peut-être enfin, arc-bouté(e) sur les trente et une crêtes éphémères et prometteuses de janvier, convertir en autant d'actes, autant d'affirmations de ce qu'il ou elle veut devenir ou demeurer. Non plus l'an prochain, mais immédiatement, sans délai, là, tout de suite, sans aucune autre médiation que le langage et l'expérience.

Il n'y a évidemment ici aucun ordre, aucune hiérarchie, aucun sens, ni aucune valeur prédéfinis. Tout au plus le résultat d'une pensée de janvier vécue et ruminée maintes fois, et enfin délivrée dans la crudité précaire du verbe, ouverte à toutes les métamorphoses, à tous les dehors et à tous les midis du monde. L'année nouvelle ne l'est vraiment que pour quiconque consent à entrer sur le territoire jamais intégralement conquis de sa propre affirmation. C'est l'affaire d'une vie plutôt que d'un jour ou d'une année. Et si, en se jouant de tous les calendriers, on faisait comme si cela commençait maintenant ? L'heure est peut-être venue de dire vaillamment avec Nietzsche :

> *[…] nous allons voir maintenant ce que* peut *la nouvelle année* ![1]

Voici donc, pour ne pas conclure, et pour commencer l'année *en philosophie*, une carte non exhaustive de nos vœux les plus intimes, dont certains pourraient, sait-on jamais, trouver un écho chez d'autres individus. À moins que certains ne nous aient été soufflés par des tiers, ou par l'époque, ou par telle lecture. Dans tous les cas, ils expriment un seul et même souhait, qui excède et déborde de toutes parts notre rapport courant et vulgaire au temps et à l'existence : celui de *dire oui* à tout ce qui advient, y compris si nous savons en toute lucidité que l'immense majorité

1. Cf. Lettre à Reinhart von Seydlitz du 4 janvier 1878, in *OPC*, *Correspondance janvier 1875-décembre 1879*, traduction et notes sous la responsabilité de Jean Lacoste, volume III, Gallimard, p. 281.

des événements qui surviennent n'ont ni la forme, ni le sens, ni la valeur que nous voudrions qu'ils eussent. Mais après tout… laissons faire l'année nouvelle sans (trop) nous laisser faire par la vie !

Commencer l’année en philosophie

Aphorismes affirmatifs

Le « oui » caché au fond de vous est plus puissant que tous les non *dont vous et votre époque êtes malades et dépendants…* [1]

1. Cf. Nietzsche, Fragment posthume 2(207), in *OPC*, *Fragments posthumes Automne 1885-automne 1887*, volume XII, traduction de Jean Hervier, Gallimard, p. 167.

Disposer de ses peurs au risque de les aimer.

Identifier sept nécessités et s'y tenir.

Endurer méthodiquement la lenteur, le silence et l'immobilité.

Apprendre par cœur le nom des calli, des rii et des ponti de Venise.

Voir toutes les morts sans fard ni effroi.

Jouer dans une bibliothèque comme dans un square fermé au public.

Ignorer savamment ce que peut le corps.

Se relever plus de fois qu'on ne chute.

Affliger d'ironie tous les inconsistants.

Préférer les connexions aux prothèses.

Espionner l'être-aimé par savoir-vivre.

Vivre de ses livres.

Exiger des enfants qu'ils errent.

Être l'abonné de son seul désir.

Aimer la Renaissance comme le corps d'un(e) amant(e).

Penser à soi immodérément.

Répondre à ses parents comme s'ils étaient sans âge.

Être celui qu'on consulte plutôt que celui qu'on conseille, celui qui comprend plutôt que celui qu'on comprend.

Être temps.

Se détourner de la vaine rumeur des hommes pour entrer dans l'épais mystère des choses.

Manger en pensant plutôt que penser à manger,
marcher en pensant plutôt que penser à marcher,
aimer en pensant plutôt que penser à aimer, etc.

Affirmer follement le féminin.

Marcher, courir, sauter, danser : devenir espace.

Aimer la solitude comme la compagnie de l'absolu.

Se gouverner comme un empire recherchant son limes.

Jouer détresse contre détresse.

Devenir l'enfant de personne.

Voyager pour habiter le non-lieu du monde.

Tenir le risque et la chance pour synonymes.

Vivre d'Italie et d'eau fraîche.

Mettre à l'ordre du jour le chaos de la vie...

Achevé d'imprimer en octobre 2017
sur les presses de l'imprimerie Chirat
pour le compte des éditions Les Belles Lettres
collection « encre marine »
selon une maquette fournie par leurs soins.
Dépôt légal : octobre 2017
ISBN : 978-2-35088-124-9